Wallat | Archäologie. 100 Seiten

* Reclam 100 Seiten *

KURT WALLAT, geb. 1960, studierte Archäologie in Mainz und Freiburg i. Br. Er promovierte mit einer Studie zum Forum von Pompeji – die vom Vesuv verschüttete Stadt ist bis heute eines seiner Hauptforschungsgebiete.

Kurt Wallat

Archäologie. 100 Seiten

Reclam

2020 Philipp Reclam jun. Verlag GmbH,
Siemensstraße 32, 71254 Ditzingen
Umschlaggestaltung nach einem Konzept von zero-media.net
Infografik (S. 14 f.): annodare GmbH, Agentur für Marketing
Bildnachweis: vor S. 1: CC-BY-SA-2.0 / Carole Raddato;
S. 20: mauritius images / Artokoloro Quint Lox Limited / Alamy;
S. 46: CC-BY-SA-4.0 / Jacques Dassé; S. 50, 55 © Kurt Wallat;
S. 58: CC-BY-SA-3.0/Viv Hamilton; S. 78 AFP / Getty Images;
S. 87: CC-BY-SA-4.0 / Espirat; S. 88 © Francesco Landucci.
Druck und Bindung: Kösel GmbH & Co. KG,
Am Buchweg 1, 87452 Altusried-Krugzell
Printed in Germany 2020
RECLAM ist eine eingetragene Marke
der Philipp Reclam jun. GmbH & Co. KG, Stuttgart
ISBN 978-3-15-020550-1

Auch als E-Book erhältlich

www.reclam.de

Für mehr Informationen zur 100-Seiten-Reihe:
www.reclam.de/100Seiten

Inhalt

Die so genannten Karyatiden auf der Athener Akropolis zählen zu den berühmtesten archäologischen Objekten der Welt – wir werden ihnen in diesem Buch noch begegnen

Ein echter Sensationsfund

Im Frühjahr des Jahres 1996 nahte die Woche meines größten mutmaßlichen Triumphes als Archäologe. Nach jahrelanger Vorbereitung hatte unser Institut eine Vereinbarung mit der tunesischen Antikenbehörde für ein Forschungsprojekt in Dougga treffen können – es liegt ca. 100 Kilometer südlich der Hauptstadt Tunis und wird gern als das Pompeji Nordafrikas bezeichnet. Wir erhielten die Erlaubnis, mehrere wichtige Gebäude aus der Zeit der Numider und Römer (300 v. bis 300 n. Chr.) zu untersuchen.

Im Laufe der Forschungsarbeiten wurde uns gestattet, mitten im Hof des Concordiatempels eine Grabung durchzuführen – eine geradezu spektakuläre Perspektive. Die Stelle schien vielversprechend, denn der Platz lag direkt oberhalb einer Ansammlung von Mauerzügen vorrömischer Wohnhäuser. Wir vermuteten also in der Tiefe ähnliche Strukturen aus Stein, Fußböden mit Mosaiken, dazu Keramik, Knochen, Münzen. Neue Erkenntnisse zur nur wenig erforschten numidischen Architektur erwarteten uns. Geplant war eine Schnittgrabung von zwei Metern Breite und 16 Metern Länge. Ihre Position war sorgfältig mit einem Theodoliten eingemessen, danach das Gelände sorgfältig von Unkraut befreit worden. Die endgültige Tiefe ließ sich nicht bestimmen und sollte am felsigen Boden enden.

Man muss sich den Beginn eines solchen Vorgangs in etwa vorstellen wie den Stapellauf eines neuen Schiffes, Sektflasche inklusive. Die gesamte Gruppe stand in feierlichem Ernst um zwei tunesische Grabungsarbeiter und mich versammelt und wartete auf das Startzeichen. Dann endlich war es soweit, die Hacken und Schaufeln trugen das Erdreich im abgesteckten Bereich in Schichten von jeweils 20 Zentimetern ab; auf diese Weise arbeiteten wir uns von Nord nach Süd vor, kehrten zum Ausgangspunkt zurück und begannen mit der nächsten Lage. Das Erdreich wurde durch ein Sieb geschüttet, damit kein noch so kleiner Fund übersehen werden konnte. Es tauchten ein paar Scherben auf, ab und zu der Ring einer Getränkedose oder ein Fetzen Plastik. In 50 Zentimetern Tiefe endlich zeichnete sich scheinbar die obere Kante einer Mauer ab, mehrere Steine bildeten eine gerade Linie. Das Team schien also mit seiner Vermutung richtig gelegen zu haben, dass sich hier alte numidische Häuser verbargen!

Wir setzten unsere Arbeit fort, trugen weiteres Erdreich ab, mussten zu unserer Enttäuschung feststellen, dass der angebliche Mauerzug aus drei zufällig aneinandergereihten Steinen bestand, und – ich will es kurz machen – fanden bis zum gewachsenen Erdreich … nichts. Absolut nichts.

Archäologie kann fies sein. Aber auch unglaublich faszinierend – auf den folgenden Seiten werden Sie vielen Facetten begegnen: Lassen Sie sich überraschen!

Archäologie – was genau ist das?

Die Öffentlichkeit hat vermutlich ein typisches Bild vor Augen: Menschen kauern auf dem Boden und legen mit Metallkellen oder einem Pinsel Dinge frei, die noch teilweise im Erdreich stecken – dies mit einer endlosen Geduld und unerschütterlicher Akribie. Sie kennt die spektakulären Berichte über Funde, die in unregelmäßigen Abständen durch die Medien geistern und zuweilen einen regelrechten Hype auslösen: Funde von Opfern des Vulkanausbruchs in Pompeji – über 1900 Jahre alt. Freilegung eines Tempels in Ägypten – ca. 3500 Jahre alt. Saurierknochen – Millionen Jahre alt. All diese Dinge treten bei »Ausgrabungen« zutage, sind jedoch fachlich weitestgehend unterschiedlichen Bereichen der Wissenschaft zuzuordnen. Und zwischen den Nachbardisziplinen existieren teils sehr große, teils gar keine Überschneidungen.

Im Wort »Archäologie« verbergen sich die altgriechischen Begriffe »ἀρχαῖος« (*archaios*, übersetzt ›alt‹) und »λόγος« (*lógos*, übersetzt ›Wort‹ oder ›Lehre‹) – sinngemäß ist sie also »die Lehre / das Wissen vom Vergangenen«.

Ein »Klassischer Archäologe« versteht sich als Wissenschaftler, der vorwiegend die Kulturen des Mittelmeerraums studiert, mit einer klaren Präferenz für Griechenland und Italien. Grabungen in diesen geographischen Breiten, die Funde von ca. 1200 v. Chr. bis ca. 350 n. Chr. erwarten lassen, sind seine Aufgabe. Die Interaktion der alten Griechen und des römischen Imperiums mit ihren Nachbarvölkern führt zu weiteren Teilbereichen, etwa in den ehemaligen Provinzen Germaniens – hier ist dann der Provinzialrömische Archäologe gefragt. Sollte, was nicht sehr wahrscheinlich ist, die Spitze eines Obelisken zum Vorschein kommen, müsste man einen Ägyptologen zurate ziehen. Würde zufällig ein Faustkeil gefunden, wäre ab sofort der ur- und frühgeschichtliche Kollege zuständig. Und falls man so weit in die Tiefe vorstoßen sollte, dass Schieferplatten mit Resten eines gefiederten Wesens oder versteinerte Knochen von veritabler Größe auftauchen, wäre der Paläontologe an der Reihe.

Dann gibt es da noch den Mittelalter- und den Neuzeitarchäologen, denn eine wichtige Aufgabe ist auch die Dokumentation jüngerer Gebäude oder Orte. So wird nicht selten eine stillgelegte Industrieanlage aufgrund ihrer Einzigartigkeit für einen bestimmten Produktionsprozess mit Mitteln der Archäologie akribisch dokumentiert und rekonstruiert, um dieses Wissen für die nachfolgenden Generationen zu erhalten. Unter Umständen können noch lebende Zeitzeugen wertvolle Erkenntnisse zur Erforschung beitragen. Als Beispiel seien hier Industrieanlagen zur Stahlproduktion im Saarland oder im Ruhrgebiet genannt. Solche Untersuchungen gehen weit über die bloße Katalogisierung technischer Details hinaus, vielmehr nimmt die so genannte »Industriearchäologie« auch das soziale Umfeld ins Visier, das sich etwa an Siedlungen normierter Häuser und an deren Wandel im Laufe der Generationen ablesen lässt.

Ein oft sehr persönliches Ziel dagegen verfolgen Suchgrabungen an Orten kriegerischer Handlungen in der Neuzeit, bei denen archäologische Methoden zur Anwendung kommen (Schlachtfeldarchäologie). Hier ist das Ziel auch die Identifikation von Opfern, um noch lebenden Nachkommen eine verlässliche Information über deren Schicksal übermitteln zu können.

Und Disziplinen gibt es noch viele weitere – einigen davon werden wir noch begegnen. Es würde den Rahmen dieses Buches aber sprengen, wollte man auch noch auf die Kulturen Vorderasiens eingehen, etwa Mesopotamien. Oder auf die zahllosen Kulturen Südamerikas und deren historisches Erbe, auf die Stufenbauten in Mexiko oder Mauerreste im Dschungel Perus. Oder auf Details zu Asien, mit China, dessen Kulturgeschichte parallel zu der des Mittelmeerraums verlief und das über die Seidenstraße eng mit letzterem verknüpft war: Die Terrakotta-Armee aus einem Grabmal in Zentralchina aus dem späten 3. Jahrhundert v. Chr. zum Beispiel zählt zu den wohl berühmtesten archäologischen Funden der Welt.

Es gilt also, eine Entscheidung zu treffen: Sollen es die alten Griechen und/oder Römer sein? Oder doch die alten Ägypter? Urzeitmenschen? Mammuts? Saurier? Leider wird es niemandem vergönnt sein, alles gleichzeitig zu studieren, jedoch sind in geringem Ausmaß Kombinationen sinnvoll, ja geradezu erforderlich. Ich persönlich entschied mich zu Beginn meines Studiums für die alten Römer und deren architektonische, künstlerische und kulturelle Hinterlassenschaften, bevorzugt in Pompeji. Dort war ich später sehr intensiv tätig und habe unter anderem gemeinsam mit meiner niederländischen Kollegin Natalie de Haan ein Grabungsprojekt zur Erforschung der »Zentralthermen« geleitet. Da sich am Beispiel der 79 n. Chr. vom Vesuv verschütteten Stadt viele Aspekte der Archäolo-

Pompeji wurde 79 n. Chr. durch einen verheerenden Ausbruch des Vesuvs verschüttet, und im Laufe einiger Jahrzehnte verschwanden dann die noch aus dem Erdreich ragenden Mauerreste vollständig unter der Erde, die Stadt geriet in Vergessenheit. Gleichwohl ist neben wenigen sporadischen Erwähnungen eine überaus detaillierte Schilderung der Katastrophe überliefert. Der Verfasser, Neffe des berühmten römischen Naturforschers Plinius, beschreibt die Ereignisse in zwei Briefen: Wir nennen ihn heute Plinius den Jüngeren. Die Existenz einer Stadt am Fuße des Vulkans war seit Jahrhunderten bekannt, aber ein Zufall führte im späten 18. Jahrhundert zur Entdeckung Herculaneums und schließlich Pompejis. Mehr als 200 Jahre später schließlich konnten die in Plinius' Briefen geschilderten Phänomene vulkanologisch analysiert und als wissenschaftlich korrekt klassifiziert werden. Schäden an Gebäuden und jüngst der Fund zahlloser Skelette in einem Bootsschuppen in Herculaneum vervollständigten das Bild und erlauben heute eine minutiöse Rekonstruktion des Vesuvausbruchs und von dessen Auswirkungen auf die Städte in der Bucht von Neapel. Noch ganz aktuell finden sich in zahlreichen antiken Häusern in Pompeji Spuren einer überhasteten Flucht, Hinweise auf das abrupte Ende von Bauarbeiten sowie Knochenfunde von Menschen und Tieren, die beim Ausbruch starben. ➤ Seite 13

gie – von der grundlegenden Faszination, über das konkrete Arbeiten bis hin zu technisch-konservatorischen Fragen – sehr gut erläutern lassen, werde ich mich in diesem Buch häufiger darauf beziehen.

Leider entspricht die oft nüchterne Realität so gar nicht dem Bild, das in Literatur und Filmen gerne von der Archäologie vermittelt wird: Ich kann versichern, dass ich weder mit Peitsche und Pistole (sehr wohl aber mit Hut, dies sei als Trost erwähnt) unterwegs war; auch eine Lara Croft ist mir bisher bei keiner Ausgrabung begegnet. Ein Klischee aber stimmt immerhin: Zur Arbeit eines Archäologen gehört tatsächlich das stundenlange Kauern in einem schmutzigen Erdloch, um mit Pinsel, einer Kelle und womöglich einem Zahnstocher in geduldiger Feinarbeit kleinste Gegenstände, vielleicht eine einzelne Scherbe, aus der Erde zu ziehen. Denn genau dieses so unscheinbar wirkende Stückchen Keramik könnte das entscheidende Glied in einer Indizienkette sein, um ein ganzes Gebäude zu datieren.

> »Eine Frau, die mit einem Archäologen verheiratet ist, darf sich glücklich schätzen, denn je älter sie wird, desto interessanter wird sie für ihren Mann.«
>
> Agatha Christie

Saurier (endlich!) – Paläontologie

Eng verknüpft mit der Archäologie scheint die Wissenschaft von ausgestorbenen Tieren und Pflanzen (aber sie ist eben nicht im engeren Sinne Archäologie). Nicht zuletzt Hollywood hat einen regelrechten Boom dieses Sujets ausgelöst. Auf den ersten Blick gleichen sich Bilder einer paläontologischen und einer archäologischen Grabungsstätte: Menschen kauern auf dem Boden und hantieren mit Kelle und sonstigem Werkzeug, um etwas freizulegen. Jedoch haben beide Wissenschaftszweige wenig gemeinsam. Die Paläontologie ist stark geprägt durch geologische und biologische Fragestellungen. Zwar zeigt die Methodik zur Analyse von Fundstücken große Überschneidungen, die Zielrichtung der Ergebnisse unterscheidet sich jedoch diametral. Der Archäologie geht es darum, Funde zeitlich und stilistisch in die Geschichte einer Zivilisation einzuordnen und aus ihnen letztendlich eine gesellschaftliche Momentaufnahme zu gewinnen, um diese in das bereits vorhandene historische Gerüst einzufügen.

Die Paläontologie versucht, Funde zoologisch oder botanisch zu klassifizieren, deren biologische, insbesondere biomechanische Eigenschaften zu ermitteln und daraus ein möglichst genaues Bild der äußerlichen Erscheinung des Lebewesens, des Lebensraums und der klimatischen Bedingungen zu rekonstruieren. Dazu zählt unter anderem die Auswertung von Trittspuren.

Um es überspitzt auszudrücken: Würde man den Paläontologen bitten, das Skelett eines Römers zu analysieren, käme als Ergebnis höchstwahrscheinlich heraus, dass es sich um einen mutmaßlich aufrechtgehenden, homoiothermen Säuger handelt – genau genommen einen Homo sapiens –, der ca. anderthalb Meter groß war, aufgrund seines Gebisses Pflanzen wie Fleisch verzehrte und in gemäßigtem Klima lebte. Würde man dagegen den Archäologen bitten, das Skelett eines Sauriers zu untersuchen, wären die Resultate recht mager, da er weder auf Funde von Keramikscherben noch auf Werkzeuge oder Waffen zurückgreifen könnte und sich keine Anzeichen einer Siedlung nachweisen ließen, es also an weiteren Größen zur geschichtlichen Einordnung fehlt.

Wo den Spaten ansetzen?

Mit dem Begriff ›Archäologie‹ verbinden sich meist Bilder von berühmten Bauten oder Kunstwerken. Aber nicht nur sie sind das Ziel der Forschung, sondern auch (noch) unbekannte Orte, die wir bislang lediglich aus alten Texten kennen. Die geschichtliche Überlieferung berichtet beispielsweise von zahlreichen kriegerischen Auseinandersetzungen, welche ironischerweise einen Teil des Grundgerüsts bilden, mit dem noch in der Gegenwart Schülergenerationen malträtiert werden – wer kennt es nicht, das berühmte »333: Issos Keilerei!«. Ähnlich bekannt ist die Varusschlacht im Teutoburger Wald im Jahr 9 n. Chr. Antike Quellen bezeugen das Ereignis und seine weitreichenden Folgen für die Germanienpolitik des römischen Reiches. Dass die Schlacht tatsächlich stattgefunden hat, ist nicht zuletzt durch den Grabstein eines römischen Gefallenen im Rheinischen Landesmuseum Bonn belegt. Bis heute ist es allerdings nicht gelungen, den genauen Ort zu identifizieren. Das mag zum einen daran liegen, dass die Kampfhandlungen sich wohl über mehrere Tage hinzogen. Zum anderen aber sind die antiken Quellen meist zu unpräzise, weswegen man in jüngster Zeit etliche Orte favorisierte, um sie kurz darauf wieder zu verwerfen.

Die Gratwanderung zwischen belastbarer Erkenntnis und Wunschdenken ist immer schmal. Eine auf antiken Mythen basierende Methode der Auffindung von historischen Orten etwa muss mit äußerster Vorsicht angewendet werden und sollte sich stets auf das wissenschaftlich tatsächlich Beweisbare beschränken.

Aus dem Neuen Testament ist eine Fülle an Orten und Ereignissen überliefert, die das Leben Jesu beschreiben. In dem

Fall korrelieren einzelne Fakten mit unabhängigen Quellen lateinischer Autoren, die frei von jedem Verdacht sind, dem Christentum nahezustehen. Die Person des Jesus wird erwähnt, ebenso der Statthalter Pontius Pilatus und nicht zuletzt die Tatsache, dass Ersterer gekreuzigt wurde. Und tatsächlich ist es vor Ort in Israel möglich, zumindest näherungsweise die einzelnen Ereignisse zu lokalisieren, die Wege Jesu bis zu dessen Hinrichtung in Jerusalem zu rekonstruieren.

Als recht verlässlich erweisen sich antike Texte, deren Verfasser einen neutralen und wissenschaftlichen Stil pflegen. Chronologisch sind sie der römischen Kaiserzeit zuzuordnen. Dem aus Griechenland stammenden Autor Pausanias verdanken wir eine Art Reiseführer durch sein antikes Heimatland; er beschreibt mal mehr, mal weniger detailreich die wichtigsten Stätten, deren Tempel und weitere Gebäude. Daraus resultiert unter anderem eine genaue Bestandsaufnahme der Bauten des im gesamten Mittelmeerraum berühmten Olympia, Geburtsstätte der antiken und schließlich der modernen Olympischen Spiele. Die Anlage war also theoretisch seit Jahrhunderten bekannt, allerdings blieb es Archäologen des 19. Jahrhunderts vorbehalten, sie beinahe vollständig freizulegen und die Grundmauern der einzelnen Gebäude anhand der erwähnten Beschreibungen des Pausanias zu identifizieren (➤ Seite 19). Es stellte sich heraus, dass diese erstaunlich präzise waren.

Dies waren nur ein paar wenige Beispiele dafür, wie Archäologen auf der Basis einer literarischen Überlieferung nach etwas Bestimmtem suchen – Pompeji ist ein ähnlicher Fall, das haben wir schon gesehen.

Die goldene Zeit spektakulärer Funde

Die populärwissenschaftliche Literatur zur Geschichte der Archäologie konzentriert sich verständlicherweise auf spektakuläre Funde und Grabungsstätten – ein paar von ihnen wollen auch wir uns im Folgenden näher ansehen. Aber warum erfolgte vor allem im 19. Jahrhundert ein wahrer Sturm auf Hinterlassenschaften untergegangener Kulturen? Schließlich waren die Quellen, zum Beispiel zu Griechen und Römern, seit dem Mittelalter bekannt und deren Rezeption bei Buchgelehrten eine Selbstverständlichkeit. Warum interessierte man sich nun plötzlich für das Forum Romanum, das jahrhundertelang als Steinbruch für umliegende Häuser gedient hatte und einer Müllkippe glich?

In den letzten Jahrzehnten des 17. Jahrhunderts entwickelte sich parallel zum Barock mit seinem üppigen, prunkvollen Stil zunehmend eine neue Stilrichtung, die nüchterne, klarere Linien bevorzugte und sich daher eindeutig an Vorbildern des klassischen Altertums orientierte. Fortan glichen die Bauten mit ihren Säulenfronten griechischen Lang- und Rundtempeln, replizierten nicht selten ein singuläres Element, wie die Kuppel des Pantheons in Rom. Einen wahren Schub erhielt der Klassizismus mit den in der Mitte des 18. Jahrhunderts einsetzenden Ausgrabungen in Herculaneum und Pompeji. Nun spätestens etablierte er sich als alleinige Stilrichtung, der Barock verschwand weitestgehend.

In dieser Zeit sorgte im deutschsprachigen Raum ein Bibliothekar für Furore: Johann Joachim Winckelmann (1717–1768), der als Begründer des Klassizismus gilt. Seine Abhandlung *Gedanken über die Nachahmung der Griechischen Werke in der Malerei und Bildhauerkunst* erschien 1755 und hat die Rezeption antiker Kunst durch eine völlig neue Sichtweise nachhaltig beeinflusst. Nie machte Winckelmann einen Hehl daraus, dass die Kultur des antiken Griechenland in seinen Augen von herausragender Bedeutung sei. Weniger enthusiastisch beurteilte er die römische Kunst. Ironischerweise basierten seine Ausführungen ausgerechnet auf römischen Kopien griechischer Kunstwerke, nicht etwa auf Originalen. Lange Reisen führten ihn nach Italien, wo er in allen wichtigen Städten Material für seine Schriften sammelte. Geheimnisumwoben ist sein Tod. In Triest wurde er von dem vorbestraften Koch Francesco Arcangeli erstochen (ob die Tathintergründe erotischer Natur waren, konnte nie zweifelsfrei geklärt werden).

»Es kann leichter von der Schönheit gesagt werden, was sie nicht ist, als was sie ist; und es verhält sich einigermaßen mit der Schönheit und ihrem Gegenteile, wie mit Gesundheit und Krankheit: diese fühlen wir und jene nicht.«
Johann Joachim Winckelmann

Pompeji und Giuseppe Fiorelli

Die Geschichte der Ausgrabungen in Pompeji war in den letzten Jahrzehnten des 18. und den ersten Jahrzehnten des 19. Jahrhunderts eine überaus traurige, was insbesondere damit zusammenhängt, dass zu der Zeit eine fundierte Grabungswissenschaft noch nicht existierte. So setzte man eine große Anzahl an Arbeitern ein, um in raschem Tempo ausgedehnte Flächen der Stadt freizulegen. Ausgehend von Südwesten wühlten sich diese in Richtung Osten voran. Dutzende Männer trugen die Verschüttungsmassen zügig ab, ohne der Stratigraphie, der Schichtenfolge, große Beachtung zu schenken. Als fatal erwies sich zudem die Methode, zunächst Plätze und vor allem Straßen großflächig auszugraben, um dann von dort seitlich in die Gebäude vorzustoßen. Natürlich geschah dies auch, weil man von der Vielzahl an Funden geradezu überwältigt war.

Relativ früh wurden die Fortschritte in der Grabung und wichtige Fundstücke in einem Tagebuch festgehalten, jedoch gab es noch kein System, das es ermöglicht hätte, die Lage eines Hauses und seiner Räume genau zu adressieren. Aber schon damals bedachte man die freigelegten Gebäude mit Namen: Die Bezeichnung konnte sich aus einem spezifischen Fund, einer Inschrift an der Hauswand, dem Motiv aus einer Wandmalerei ableiten, oder auf den Besuch einer anerkannten Persönlichkeit zurückgehen. So gab und gibt es ein »Haus des Goethe« (zu Ehren seines Besuchs), ein »Haus des Paquius Proculus« (Inschrift an der Hausfassade), ein »Haus des Schiffes Europa« (Ritzzeichnung an der Wand), das »Haus mit den roten Wänden« (aufgrund einer Wandmalerei), das »Haus der Silbernen Hochzeit« (Visite eines adligen Paares). Dieses Ver-

In welcher Reihenfolge wurde was gefunden? —

— Berühmte Entdeckungen

1500

Laokoon-Gruppe in Rom

Apoll von Belvedere bei Rom

1550

1600

1650

Teotihuacán in Mexiko

1670

Herculaneum im Golf von Neapel

1700

Pompeji im Golf von Neapel

1750

Entzifferung der ägyptischen Hieroglyphen

1800

1830

Augustus von Primaporta in Rom

1850

Nimrud in Mesopotamien

Der Neandertaler bei Düsseldorf

Pfahlbauten im Bodensee

1870

Troja in der nordwestlichen Türkei

Mykene auf der Peloponnes

1880

Höhlenzeichnungen Altamira

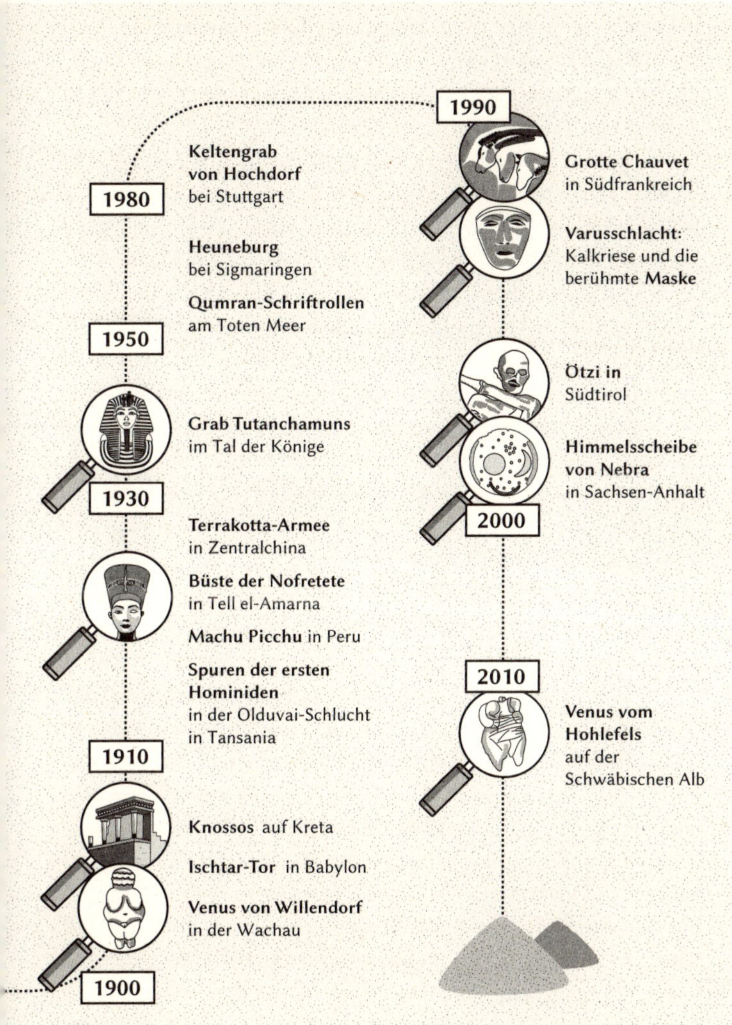
1900
Venus von Willendorf in der Wachau
Ischtar-Tor in Babylon
Knossos auf Kreta
1910
Spuren der ersten Hominiden in der Olduvai-Schlucht in Tansania
Machu Picchu in Peru
Büste der Nofretete in Tell el-Amarna
Terrakotta-Armee in Zentralchina
1930
Grab Tutanchamuns im Tal der Könige
1950
Qumran-Schriftrollen am Toten Meer
Heuneburg bei Sigmaringen
1980
Keltengrab von Hochdorf bei Stuttgart
1990
Grotte Chauvet in Südfrankreich
Varusschlacht: Kalkriese und die berühmte Maske
Ötzi in Südtirol
Himmelsscheibe von Nebra in Sachsen-Anhalt
2000
2010
Venus vom Hohlefels auf der Schwäbischen Alb

fahren behielt man viele Jahrzehnte bei. Kündigte sich hoher Besuch an, wurden nicht selten soeben entdeckte spektakuläre Stücke erneut vergraben, damit sie dann in Anwesenheit des Gastes wie zufällig ans Tageslicht traten.

In Pompeji fanden sich seit dem Beginn der Ausgrabung zahlreiche Skelette von Menschen und Tieren, häufig in den Räumen, in denen sie zu Tode gekommen waren. Beim Freilegen von Straßen und Plätzen entdeckte man Reste von Opfern, die durch umstürzende Mauern oder Säulen erschlagen worden waren. Gerade diese Stellen erfreuten sich bei Besuchern größter Beliebtheit, konnte man sich doch ein wenig gruseln. Dass die Stadt durch den Ausbruch des Vesuvs im Jahr 79 n. Chr. quasi mitten aus dem täglichen Leben gerissen und in exakt diesem Augenblick konserviert schien, übte eine große Faszination aus: Man stieß auf Theken mit Lebensmitteln, auf Brotlaibe, die in einem Ofen verblieben waren und verkohlten. In Privathäusern lagen Gegenstände des täglichen Lebens auf den Tischen, die offensichtlich bei der überstürzten Flucht zurückgelassen worden waren. In einigen Küchen gab es eindeutige Anzeichen dafür, dass soeben noch der Ofen angefeuert worden war. Durch diese Einzelbefunde und Details erstand das antike Pompeji vor den Augen der Besucher mit einer zuvor nie gekannten Intensität. In all den Jahrzehnten jedoch fehlte ein klares Konzept, um ein bestimmtes Gebiet gezielt freizulegen und dabei gewissenhaft alle damit zusammenhängenden Entdeckungen zu dokumentieren, zu analysieren und in den Gesamtkontext zu stellen.

Als wahrer Glücksfall für Pompeji erwies sich die Tatsache, dass ab 1863 mit Giuseppe Fiorelli (1823–1896) ein neuer Grabungsdirektor die Verantwortung übernahm. Er stellte die archäologische Erforschung der antiken Stadt auf eine neue,

> »Sonntag waren wir in Pompeji. – Es ist viel Unheil in der Welt geschehen, aber wenig, das den Nachkommen so viel Freude gemacht hätte.«
>
> Johann Wolfgang von Goethe

solide und vor allem wissenschaftliche Basis. Die Freilegung erfolgte nun konsequent von oben nach unten, dabei wurde die Stratigraphie beachtet. Noch während der Ausgrabung eines Gebäudes sicherte man dessen Mauern vor dem Einsturz. Funde in den Verschüttungsmassen wurden dokumentiert und im jeweiligen Forschungsbericht notiert, dabei auch die Höhe über dem Bodenniveau festgehalten. Spätestens jetzt erhielt Pompeji ein bis heute gültiges System, mittels dessen über eine festgelegte Reihenfolge jedes Gebäude genau lokalisiert werden kann: Region, Häuserblock, Eingang.

Und Fiorelli ist eine weitere, atemberaubende Methode zu verdanken: Während der Grabungsarbeiten zeigten sich in einer bestimmten Ascheablagerung immer wieder Hohlräume, die man nun mit Gipsmasse ausgoss. Häufig entstanden dabei Abdrücke von Menschen oder Tieren, die beim Ausbruch des Vesuvs ums Leben gekommen waren. Die organischen Bestandteile waren längst verwest, Knochen, ebenso mitgeführte Gegenstände (Schmuck, Schlüssel) aber noch vorhanden. Selbst Spuren der Kleidung hatten sich in Abdrücken erhalten. Zum ersten Mal bekamen die Opfer der Katastrophe sozusagen ein Gesicht. Viele dieser Körper sind im Moment des Todes konserviert.

Sicherlich kann man darüber streiten, ob es pietätlos ist, die Abgüsse von Opfern einer Naturkatastrophe in Glaskästen auszustellen. Andererseits verdanken wir gerade diesen Abgüssen wertvolle Erkenntnisse zur Anatomie der Bewohner von Pompeji, zur Kleidung und zu ganz alltäglichen Gegenständen.

Troja und Heinrich Schliemann

Herakles und der nemeische Löwe, Theseus und das Labyrinth, die Irrfahrten des Odysseus und der einäugige Polyphem. Die Sagen des klassischen Altertums sind fast so bekannt wie Grimms Märchen. Man stelle sich nun vor, ein Wissenschaftler würde beschließen, anhand der von den Brüdern Grimm überlieferten Geschichte über Hänsel und Gretel das darin erwähnte Hexenhaus zu suchen. Ja, genau ... Ganz ähnliches mussten die Altertumswissenschaftler des späten 19. Jahrhunderts gedacht haben, als Heinrich Schliemann (1822–1890) sich auf den Weg in die Türkei machte, um das sagenhafte Troja zu finden, laut antiker Überlieferung (Homer) Zentrum eines mythischen Krieges.

Schliemann wollte an dem Ort sein, an dem Helden in Streitwagen über die staubige Ebene fegten, Achilleus gegen Hektor kämpfte, antike Götter fleißig mitmischten – alles wegen eines Prinzen namens Paris und einer Fürstengattin namens Helena. Verständlicherweise erntete Schliemann nur Kopfschütteln, wurde bestenfalls milde belächelt. Aber er hatte Erfolg. Mit ziemlicher Sicherheit ermittelte er tatsächlich den in der Sage vom trojanischen Krieg beschriebenen Ort (auch wenn inzwischen kein Historiker mehr davon ausgeht, dass die Auseinandersetzung so, wie bei Homer beschrieben, tatsächlich stattgefunden hat). Später spürte Schliemann mithilfe der griechischen Sagenwelt unter anderem den Herrschaftssitz des Agamemnon in Mykene auf, wandelte auf den

> »Mein fester Glaube an Homer und die Tradition ist nie von der modernen Kritik erschüttert worden, und diesem Glauben verdanke ich die Entdeckung Trojas.«
>
> Heinrich Schliemann

Spuren des Odysseus und lokalisierte den Palast des greisen Nestor. Ob die Helden der griechischen Bronzezeit wirklich existierten, wird nicht mehr zu klären sein, jedoch erwies sich die Übereinstimmung zwischen den überlieferten Sagen und den tatsächlichen topographischen Gegebenheiten und Gebäuderesten als erstaunlich hoch.

Schliemann war der festen Überzeugung, genau da zu stehen, wo Achilleus Hektor tötete und dessen Leichnam an seinen Streitwagen band (und später in Mykene genau dort, wo Agamemnon im Bad von seiner Gattin gemeuchelt wurde). Heute wissen wir, dass er sich bei der chronologischen Abfolge der Schichten in Troja vertan hat. Er identifizierte nicht die Lage, auf der zeitlich der trojanische Krieg anzusiedeln wäre. Und die Goldmasken aus Mykene stellten nicht das Antlitz des Agamemnon und seiner Zeitgenossen dar. Aber dies soll Schliemanns Verdienst nicht schmälern, diverse Orte aus dem homerischen Sagenkreis lokalisiert zu haben.

Olympia und die Deutschen (Ernst Curtius, Friedrich Adler)

Der größte unter den Helden der griechischen Mythologie ist Herakles, bei einem Seitensprung des Zeus entstanden und deswegen von dessen Gattin mit wenig Mutterliebe bedacht.

Herakles war ein beliebtes Thema in der griechischen Vasenmalerei. Auf diesem Exemplar (die Archäologen sprechen von »attisch-rotfigurig«; 480–460 v. Chr.) kämpft er mit dem Nemeischen Löwen

Herakles besaß übermenschliche Kräfte, verstand aber oft nicht richtig mit diesen zu haushalten. Seine bevorzugte Waffe war eine Keule. Er hatte einen ausgeprägten Hang zum Jähzorn und tötete dann durchaus mal eine Person aus der näheren Verwandtschaft. Heute würde er über ein beachtliches Vorstrafenregister verfügen und hätte vermutlich Probleme mit Tierschutzverbänden, erwürgte er doch schon als kleiner Junge zwei Schlangen, tötete als Erwachsener einen Löwen und das einzige Exemplar eines vielköpfigen Wesens, Hydra genannt. Die Ermordung seines Neffen suchte er mit der Gründung eines großen Festes zu sühnen. Und so richtete er – glaubt man griechischen Sagen – eine sportliche Veranstaltung ein, die noch heute zu den größten Ereignissen in der Welt zählt: die Olympischen Spiele. Deren Gründungsmythos ist leider nicht ganz so eindeutig, wie hier von mir dargestellt; schon im Altertum kursierten diverse weitere Versionen.

Jedenfalls gehörten die Olympischen Spiele gemeinsam mit den Nemeen, den Pythien und den Isthmien zu den vier wichtigsten dieser Art Veranstaltung im antiken Griechenland. Die Feste waren deswegen von so großer Bedeutung, weil es einen einheitlichen griechischen Staat damals nicht gab. Daher feierten die zahlreichen Stadtstaaten bei sportlichen Wettkämpfen ihre kulturelle und religiöse Einheit. Die Sieger in den einzelnen Disziplinen wurden genaustens vermerkt – für Olympia lassen sie sich bis in das 8. Jahrhundert v. Chr. zurückverfolgen. Vergleichsweise bescheiden war der zu erringende Preis: ein Kranz, geflochten aus den Zweigen eines Olivenbaums. Jedoch maß die jeweilige Geburtsstadt dem Sieg eine solche Bedeutung bei, dass sie den Athleten hoch verehrte – wie berühmte Fußballer heute, hatte er nicht selten für den Rest des Lebens ausgesorgt. Schon in der Antike wurde auch von Manipulation berichtet, Doping war nicht unbekannt.

Die Begeisterung für die heilige Stätte kam verstärkt wieder in der Renaissance auf. Grund dafür war die Hinwendung zum Studium antiker Quellen und damit das Interesse an historischen Orten und deren Überresten. Olympia konnte relativ leicht lokalisiert werden, da zum Beispiel Teile des Zeustempels zu dieser Zeit sichtbar waren. Im späten 17. und frühen 18. Jahrhundert bereisten englische und französische Wissenschaftler die Stätte und nahmen kleinere, allerdings unsystematische Ausgrabungen vor. Mit der Folge, dass Metopen vom Zeustempel nach Paris in den Louvre verschleppt wurden.

Einen Wendepunkt – nicht nur für die antiken Ruinen von Olympia, sondern für die gesamte Archäologie – stellten die deutschen Ausgrabungen im Zeitraum 1875–1881 dar. Nach zähen Verhandlungen in den Jahren davor hatten sich Griechenland und Deutschland vertraglich darauf geeinigt, dass keines der Fundstücke außer Landes gebracht werden dürfe. Im Prinzip markierte dieser Vertrag den Übergang von Raubgrabungen zur wissenschaftlichen Archäologie. Die durch Olympia gewonnenen Erkenntnisse für die griechische Geschichte des Altertums können gar nicht hoch genug eingeschätzt werden. Dies betrifft neues Wissen zur Architektur, zur Bildhauerei, zur Keramik, zur Metallverarbeitung und zu vielen weiteren Themenbereichen. Auch die Ansammlung und Ausrichtung der Gebäude sowie deren Verortung und Funktionen erlauben wertvolle Rückschlüsse auf die griechische Gesellschaft der damaligen Zeit und deren Wandel im Laufe der Jahrhunderte. Zeugnis hierfür sind unter anderem der Heratempel, die Schatzhausterrasse und das Philippeion. Schließlich darf nicht vergessen werden, dass es gelang, das Stadion für die sportlichen Wettkämpfe freizulegen. Die Startschwellen sind gut erhalten, und kaum eine Touristengruppe lässt es sich entgehen, den Innenraum für einen kurzen Sprint zu nutzen, zuweilen unbekleidet wie die alten Griechen und sehr zum Missfallen der Grabungsaufseher.

Zahlreiche antike Quellen sowie Münzen bezeugen eine riesige Zeusstatue, die zu den sieben Weltwundern zählte. Der Name des Künstlers ist mehrfach überliefert: Phidias; er war im 5. Jahrhundert v. Chr. tätig. Tatsächlich fand man bei den Ausgrabungen in der Nähe des Zeustempels winzige Reste bzw. Indizien für die Statue, die laut einer genauen Beschreibung aus Gold und Elfenbein bestand. Zudem konnte man den Grundriss eines Gebäudes freilegen, das in seinen Abmessungen exakt dem Innenraum (*cella*) des Tempels entsprach, in dem die fertige Statue dann stand. Die Vermutung lag nahe, dass es sich hier um die Werkstatt des Künstlers handelte, in der man die Statue in Teilen anfertigte, um sie dann im unmittelbar benachbarten Tempel zusammenzusetzen. Eine echte Sensation stellte das Auffinden eines Trinkbechers dar, auf dessen Boden eingeritzt war, er gehöre dem Phidias. Allerdings kursieren Gerüchte, dass die Inschrift der Hand eines eifrigen Studenten oder Archäologen entstammen könnte, und es aufgrund der hochkochenden Emotionen besser schien, über den Streich den Mantel des Schweigens zu breiten.

Die Akropolis von Athen

Die mitten in Athen auf einem Felsen aufragende Akropolis kann auf eine wechselvolle, dramatische Geschichte zurückblicken. Besiedelt war der Ort vermutlich seit der Jungsteinzeit. Im 2. Jahrtausend v. Chr. thronte hier der Herrscher über Athen und die Umgegend, der Berg wurde zur Festung ausgebaut. In archaischer Zeit verlor die Akropolis diese Funktion und wurde zu einem heiligen Bezirk umgestaltet. Die heute das Bild wesentlich prägenden Tempel entstanden ab der Mitte des 5. Jahrhunderts v. Chr. unter Perikles. Die Akropolis wurde im Laufe der Geschichte von Römern bzw. Byzantinern, Franken und Osmanen okkupiert, dabei durch weitere Bauten ergänzt oder in den bestehenden umfunktioniert. Mit der Unabhängigkeit Griechenlands 1832 erhielt der Ort endlich den Status einer archäologischen Stätte. Die Gebäude aus byzantinischer, fränkischer und osmanischer Zeit wurden rigoros abgetragen, wobei man vor dem Dilemma stand, historische Hinterlassenschaften zu vernichten, um die klassische Akropolis weitestgehend freizulegen und zu rekonstruieren. Die Tatsache, dass bei diesen Arbeiten sehr viele Statuen aus archaischer Zeit und, beim Abtragen der Festungsmauer, gleich ein ganzer klassischer Tempel der Nike zurückgewonnen werden konnten, mag diese Vorgehensweise entschuldigen.

Das berühmteste Gebäude der Akropolis ist der Parthenon, ein monumentaler Tempelbau, errichtet anlässlich des Sieges über die Perser. Seine wechselvolle Geschichte ist symptomatisch für viele antike Gebäude, sein Untergang und seine Wiederauferstehung ebenso. Der Tempel hatte die Wirren der Spätantike recht gut überstanden, wurde im 6. Jahrhundert in eine Kirche umfunktioniert, im Mittelalter in eine Moschee. Im Zuge kriegerischer Auseinandersetzungen mit der Republik Venedig nutzte man den Bau als Munitionslager. Prompt jagte 1687 ein Soldat das herrliche Gebäude mit nur einer Gewehrkugel in die Luft. Damit nicht genug. Später verhielt sich der britische Diplomat Thomas Bruce, der siebte Earl of Elgin, wenig diplomatisch. Als Gesandter am Hof des Sultans des osmanischen Reiches holte er die Erlaubnis ein, Grabungen zu wissenschaftlichen Zwecken durchführen zu dürfen. Diese nutzte er dann, um im beginnenden 19. Jahrhundert durch illegales Abtransportieren von Kunstwerken seine privaten Sammlungen aufzuhübschen. Nicht wenige Teile des Parthenons (und des Erechtheions sowie des Nike-Tempels) bot er dem British Museum zum Kauf an, wo man sie noch heute besichtigen kann. Seitdem streiten Griechenland und England über die Rückgabe der Stücke. Lord Elgin allerdings erfuhr die gerechte Strafe für sein rücksichtsloses Verhalten, das schon Zeitgenossen heftig kritisierten: Seine Frau brannte mit einem anderen durch, er selbst starb völlig verarmt.

Die Geschichte des Parthenon ist damit aber nicht zu Ende. Im Zuge von Restaurierungsmaßnahmen in den Dreißigerjahren des 20. Jahrhunderts, bei denen man ungeeignetes Material zum Klammern der Blöcke verwendete, wurde der Marmor weiter geschädigt. Seit nun fast 40 Jahren läuft ein aufwendiges Programm, um nicht nur den Parthenon, sondern alle Gebäude der Akropolis bestmöglich zu konservieren, Fehler früherer Maßnahmen zu korrigieren und das gesamte Areal vollständiger aufzubauen als jemals zuvor in der Neuzeit.

Kreta und Arthur Evans

Heinrich Schliemann hatte mit seinen Funden aus homerischer Zeit für Aufsehen gesorgt. Die Sagen des klassischen Altertums aber boten noch reichlich weiteren Stoff an potentiellen Grabungsorten. Wer kennt sie nicht, die Geschichte vom Labyrinth des Herrschers Minos auf Kreta, wo ein fürchterliches Mischwesen – halb Mensch, halb Stier – gehaust haben soll. Dessen Zeugung ist selbst in unserer heutigen liberalen Gesellschaft starker Tobak, und schrecklich war der Tribut, den Kreta dem Kontrahenten einer kriegerischen Auseinandersetzung, dem Stadtstaat Athen, auferlegte: Alle neun Jahre mussten sieben Jungfrauen und sieben Jünglinge eine Reise ohne Wiederkehr nach Kreta antreten, um dort dem Minotauros geopfert zu werden. Der Ausgang der Geschichte ist bekannt: Theseus konnte das Mischwesen töten und mit Hilfe von Ariadne mitsamt der unschuldigen Opfer aus dem Labyrinth entkommen.

Arthur Evans (1851–1941) stammte aus einer britischen Archäologenfamilie und stieß im späten 19. Jahrhundert auf erste Spuren einer bis dato unbekannten Kultur. 1895 schließlich erwarb er ein Grundstück, auf dem er den Palast des Minos vermutete. Im Jahr 1900 starteten seine Ausgrabungen mit einer Mannschaft von bis zu 100 Arbeitern. Und tatsächlich gelang es, eine ausgedehnte Palastanlage freizulegen. Selbst ein Thronsaal mit Sitz aus Alabaster kam ans Tageslicht – ob hier wohl Minos einst saß? Wertvolle Fundstücke wurden in einer Ausstellung in London präsentiert. Für seine Entdeckung der minoischen Kultur erhielt Evans den Ritterschlag. Soweit der wissenschaftlich wertvolle Teil der Forschungen. Der negative Aspekt jedoch wiegt nicht minder schwer: Schon bald nach den Ausgrabungen nämlich ließ Evans Teile der Gebäude überaus »kreativ« rekonstruieren, und zwar so, wie er sie sich vorstellte, oft weitab von tatsächlich fundierten archäologischen Erkenntnissen, wofür er stark kritisiert wurde. Unser Bild vom minoischen Kreta ist also zu einem erheblichen Teil von diesen zumeist fehlerhaften Rekonstruktionen geprägt.

Ägypten mit Tutanchamun unter Howard Carter

Ein Buch über Archäologie wäre nicht denkbar ohne das alte Ägypten, die Pyramiden, vor allem aber das Tal der Könige mit dem Grab des Tutanchamun. Die Hinterlassenschaften der ägyptischen Kultur waren schon im klassischen Griechenland teils mehr als 2000 Jahre alt, die Pyramiden von Gizeh zählten zu den sieben Weltwundern. Bis in die Römerzeit reichte die Tradition ägyptischer Pharaonen – wer kennt nicht die Geschichte von Kleopatra, der letzten Pharaonin von Ägypten, ihre Liebesbeziehungen zu Caesar und Marcus Antonius, ihren tragischen Selbstmord?

Der Brite Howard Carter (1874–1939), dem sein Lehrer zu Beginn attestierte, dass eine Ausbildung zum Ausgräber zwecklos sei, da sein Sinn ausschließlich nach Malerei und Kunst stehe, hatte schon diverse Erfahrungen bei Grabungen

»Können Sie etwas sehen?«
»Ja, wunderbare Dinge!«
Howard Carter

in Ägypten gesammelt. Weil er sich mit angetrunkenen französischen Touristen anlegte, verlor er für einige Jahre seinen Job. 1922 stieß er im so genannten Tal der Könige auf ein Grab mit intakten Siegeln. Dies verhieß eine Sensation, denn bisher erwiesen sich alle Grabkammern als längst geplündert. Die riesigen Pyramiden mit ihren ausgeklügelten Mechanismen, welche eine Störung der Grabruhe des Pharaos verhindern sollten, hatten sich als leere Hüllen erwiesen. Leider ergaben eindeutige Indizien auch bei dem neu entdeckten Grab, dass es bereits mehrfach betreten und anschließend wieder versiegelt worden war. Daher war durchaus unsicher, ob sich darin noch etwas Wertvolles finden würde. Im November öffnete Carter es offiziell, Mitte Februar des folgenden Jahres die eigentliche Grabkammer, und er hatte Glück: Das Grab des Tutanchamun mit seinen unzähligen Funden zählt bis heute zu den großartigsten Entdeckungen der Altertumswissenschaft.

Archäologie damals und heute

In den Anfangszeiten hatten es Ausgräber häufig auf schnelle »Beute« abgesehen. Seitdem hat sich die Archäologie in ihrer Vorgehensweise stark gewandelt. Das Beispiel Pompejis zeigt, dass zunächst wenig Wert auf behutsame Aufdeckung und systematische Dokumentation gelegt wurde. So gingen Befunde, die jahrhundertelang unter der Erde konserviert waren, unwiederbringlich verloren. Einzelne Stücke wurden aus dem Kontext gerissen, eine nachträgliche Rekonstruktion der Fundsituation ist nicht mehr möglich. Dies erweist sich dann als tragisch, wenn einem Gebäude oder einem einzelnen Raum eine bestimmte Funktion zugewiesen werden könnte, dies aber daran scheitert, dass die dazu ideal passenden Stücke sich diesem Gebäude oder Raum eben nicht zweifelsfrei zuordnen lassen. Die Hypothese, dass ein Laden dem Handel von Schmuck gedient habe, kann nicht nachhaltig gestützt werden, wenn lediglich fahrig dokumentiert wurde: »In der vergangenen Woche fanden sich in einem der Räume des Gebäudes, das vor 2 Wochen entdeckt wurde, Schmuckstücke und Werkzeuge.«

Erschwerend kommt hinzu, dass die wissenschaftlichen Methoden und vor allem die technischen Fähigkeiten vergleichsweise begrenzt waren. Heerscharen an Grabungsarbeitern beseitigten Tonnen an Verschüttungsmaterial in beängstigend kurzen Zeitspannen. Lasten mussten mit Menschenkraft bewegt, Messungen von Hand vorgenommen werden, was insbesondere bei größeren Distanzen sehr schnell zu recht abenteuerlichen Werten führen kann. Man mag sich gar nicht ausmalen, wie viele wichtige Fundstücke in Pompeji beim überhasteten und unsystematischen Abtragen der Lapilli-Schichten für immer verloren gingen. Zudem beträgt die Höhe der Verschüttungsschicht bis zu mehrere Meter, ein Gemisch aus Erdreich, darunter Lagen aus Lapilli, also Lavabröckchen, grünlicher und weißer Farbe sowie dünnen Einschlüssen aus grauer Asche. Beim Vordringen zu den Mauerresten fielen daher Wagenladungen an Material an, das man zunächst einfach zur Seite räumte – und damit historische Schichtabfolgen durchmischte und zerstörte.

Ebenso schwer vorstellbar wäre heute eine Vorgehensweise, wie sie Schliemann in Troja praktizierte: Rigoros ließ er einen Graben durch die antiken Ruinen ziehen und dabei Mauerzüge schleifen.

Inzwischen ist das Prozedere ein anderes. In Pompeji etwa setzt man es sich nicht mehr zum Ziel, das letzte verschüttete Fünftel des Stadtgebietes im Nordosten freizulegen. Nur in einem eng begrenzten Areal finden aktuell tatsächlich neue Ausgrabungen statt, die prompt Tragisches und Interessantes zutage förderten: einen während des Ausbruchs von einem Felsblock erschlagenen Menschen, eine Truhe mit Kultgegenständen, eine Wandinschrift, die nahelegt, dass der Ausbruch nicht am 24. August, sondern vielmehr im Oktober stattgefunden haben könnte.

Ansonsten belässt man die Gebäudereste unter der Erde. Forschungen konzentrieren sich auf die Erhaltung des Istzustandes oder die Wiederherstellung eines nach den einstigen Ausgrabungen dokumentierten Zustandes. Es ist wichtiger, zu wissen, wie ein Gebäude unmittelbar nach der Freilegung aussah, was davon heute noch vorhanden ist, welche Teile im Laufe der Zeit repariert oder vollständig erneuert wurden. Speziell bei Pompeji spielen diverse Faktoren eine mitunter unrühmliche Rolle, zum Beispiel das – vorsichtig ausgedrückt – »Aufhübschen« der Ruinen, schlimmstenfalls aus ganz profanen touristischen, also finanziellen Gründen oder aber dem Zwang geschuldet, antike Mauern schlicht vor Einsturz schützen zu müssen. Auch historische Ereignisse, wie ein großer Bombenangriff auf die Ruinenstätte während des Zweiten Weltkriegs, zwangen zu massiven Eingriffen in den antiken Bestand. Wenn sich Jahrzehnte später Archäologen diesen Stellen erneut widmen, kann es passieren, dass zur Datierung der Vorhalle eines Gebäudes am Forum Kapitelle herangezogen werden, die aus dem Jahr 1936 stammen. Oder dass man, um zu belegen, dass es zwischen 62 und 79 n. Chr. mehrere Erdbeben gegeben hat, eine von Rissen durchzogene Wand anführt, die aber ohne Zweifel nach dem Bombenangriff in den späten Vierzigerjahren des 20. Jahrhunderts neu aufgebaut wurde.

Wie für Pompeji und Herculaneum gilt heute für Fundstätten weltweit die Prämisse, kulturelle Hinterlassenschaften besser an Ort und Stelle im Boden oder unter Wasser zu belassen. Um eine mögliche Störung oder gar Zerstörung zu verhindern, greift man stattdessen auf nichtinvasive Prospektionsmethoden zurück, die keine Schäden verursachen. Wir kommen später noch auf solche Verfahren zurück.

Bei Bauprojekten im Umfeld historischer Besiedlung besteht allerdings immer die Möglichkeit, dass im Laufe der Arbeiten mittelalterliche oder gar antike Reste zutage treten. In Italien liegt die Wahrscheinlichkeit rund um den Vesuv bei beinahe 100 Prozent, in Deutschland ist sie da, wo sich einst die römische Provinz erstreckte, immer noch sehr hoch. Zwar werden die Grundmauern und einige Scherben einer ehemaligen Raststation des 2. oder 3. Jahrhunderts in der Nähe des Limes kaum den Bau eines neuen Streckenabschnitts der bundesdeutschen Autobahn verhindern können, dennoch ist es unerlässlich, das betroffene Areal zu untersuchen und zu kartieren. Somit wissen zukünftige Generationen wenigstens, dass sich unter der Raststätte XY einst ein beachtliches römisches Landgut mit beeindruckenden Bodenmosaiken befand, das nun für immer verschwunden ist.

Die Archäologie im Umfeld ihrer Nachbardisziplinen

Das Fach Archäologie, insbesondere die Klassische Archäologie, lässt sich in viele Teilbereiche aufgliedern. So kann der Schwerpunkt auf antiker Architektur liegen; das heißt, man untersucht Bauten der alten Griechen und Römer, analysiert die verwendeten Techniken, rekonstruiert Gebäude in ihrer ursprünglichen Form und weist ihnen eine bestimmte Funktion zu. Oder aber man widmet sich auf den Spuren Winckelmanns griechischer und römischer Plastik (Skulptur), erforscht die stilistische Entwicklung von der Archaik mit ihren Koren und Kuroi (Statuen von Mädchen und Jungen) über die perfekt modellierten Körper der Klassik bis zu den realistisch dargestellten Figuren des Hellenismus. Erfreut sich an den sterilen, perfektionistischen Porträts eines Augustus oder dem Kopf eines ältlichen Vespasian, der den Eindruck erweckt, als habe er vergessen, sein Gebiss einzusetzen.

In Städten wie Pompeji bietet sich die Erforschung der in zahllosen Gebäuden erhaltenen Wandmalerei an. In ihrer stilistischen Entwicklung spiegelt sie den Zeitgeschmack wider, beginnend mit protzigen Pseudo-Wandvertäfelungen, die Paneele aus Marmor imitieren, erst als reale dreidimensionale

Nachbildung aus Stuck, wenig später als illusionistische zweidimensionale Malerei. Dann werden die Bilder üppig, Theaterkulissen mit perspektivischen Ausblicken in die Landschaft gleich. Zu Zeiten eines gestrengen, auf Sittlichkeit achtenden Augustus wird auch die Malerei wieder verhaltener, um dann spätestens unter Nero in einen überbordenden Prunk zu verfallen.

Oder man spezialisiert sich auf die Vasenmalerei der griechischen Archaik und Klassik, mit ihren vielfältigen Motiven. Bringt die dargestellten Figuren und Szenen mit Episoden aus der überlieferten Mythologie in Einklang.

Dabei gibt es natürlich immer Überschneidungen. Szenen aus der griechischen Sagenwelt können auf einer Vase aus dem 5. Jahrhundert v. Chr. auftauchen, und erneut auf einem Fresko in Pompeji ca. 400 Jahre später. Wandmalereien zeigen womöglich prunkvolle Villen mit ausgedehnten Säulenarkaden, die mit real existierenden Privatvillen korrelieren. In jenen Villen findet sich unter der Ausstattung vielleicht eine Statuengruppe, die eine ähnliche Szene wiedergibt, wie sie sich auch auf Vasen und in Motiven der Fresken findet.

Zwangsläufig führt die Archäologie so zu benachbarten Disziplinen.

Geschichtswissenschaft und Kunstgeschichte

Die Geschichtswissenschaft ist wohl am engsten mit der Archäologie verknüpft – bzw. kann Letztere in gewisser Weise als ihre Hilfswissenschaft bezeichnet werden. So dienen durch Ausgrabungen gewonnene Erkenntnisse dazu, das Netz historischer Ereignisse immer engmaschiger zu knüpfen. Die Erkenntnisse der Archäologie fließen also in das Verständnis der Geschichte der Menschheit ein.

Für die Kunstgeschichte ist von besonderem Interesse, dass bestimmte Motive zum Beispiel in Bildhauerei, Malerei und Architektur immer wieder aufgegriffen und dem Zeitgeschmack entsprechend gestaltet wurden. Ein gutes Beispiel dafür sind die Karyatiden des Erechtheions in Athen, Säulen in Gestalt von weiblichen Figuren, die das Gebälk einer Nebenhalle des Tempels stützen (siehe die Abbildung vor Seite 1). Ihre anmutige Darstellung hat ganze Generationen inspiriert. Schon die Römer kopierten das Vorbild im Zeitalter des Augustus, also mehr als 400 Jahre später und nochmals im 2. Jahrhundert n. Chr. unter Hadrian. Es verwundert nicht, dass auch der Klassizismus das Motiv wiederverwendete und in dem ihm eigenen Stil ausarbeitete, etwa am Portal des Palais Pallavicini in Wien.

Klassische Philologie

Spätestens seit dem 9. Jahrhundert v. Chr. existierte die altgriechische Schrift. Und spätestens seit diesem Zeitpunkt begannen Menschen, Texte niederzuschreiben, also Literatur zu erschaffen. Auch die Römer verfassten seit frühester Zeit literarische Abhandlungen. Während der gesamten Antike entstanden so Tausende von Texten. Als sich in der Spätantike das Christentum als Staatsreligion durchsetzte, galten viele Inhalte als anrüchig oder schlichtweg heidnisch. Teils ignorierte man dieses Erbe, teils zerstörte man es aktiv. Erst im frühen Mittelalter begannen Mönche, die noch vorhandenen Schriftstücke zu kopieren und so eine Sammlung antiker Literatur anzulegen. Heute sind nurmehr wenige Originale erhalten, wie etwa die in der Papyrusvilla in Herculaneum oder die in einer Höhle bei Qumran gefundenen Schriftrollen.

Eine Aufgabe des Philologen besteht darin, die von den Mönchen angefertigten Abschriften zu lesen, zu interpretieren und in den Bestand der überlieferten Werke einzuordnen. Beim Abschreiben unterliefen zahlreiche Fehler. Ganze Passagen wurden vergessen, mitunter tilgte der Kopist mit Absicht einzelne Wörter oder Sätze, verbesserte andere Stellen (das meinte er zumindest) oder erfand Textabschnitte einfach dazu. Von vielen Werken existieren mehrere Abschriften unterschiedlicher Qualität, so dass es möglich ist, aus ihnen den Text in seine Urform zurückzuführen. Fehlerhafte Passagen können korrigiert oder als Fälschung identifiziert werden. In der Philologie werden oft lange wissenschaftliche Diskussionen geführt, über Passagen oder auch nur ein Wort, da der betreffende Abschnitt im überlieferten Text entweder keinen Sinn ergibt oder zweideutig bleibt.

Der Philologie ist es zu verdanken, dass wir heute über eine ausgedehnte Bibliothek antiker griechischer und römischer Literatur verfügen. Leider ist der weitaus größte Teil der Literatur des Altertums für immer verloren. Dies tritt vor allem an den zahlreichen Stellen schmerzlich zutage, wo sich ein antiker Dichter auf ein zeitgenössisches Werk bezieht, das uns inhaltlich völlig unbekannt ist und es für immer bleiben wird.

Epigraphik und Papyrologie

Wie die Philologie widmet sich die Epigraphik schriftlichen Hinterlassenschaften der Antike. Sie konzentriert sich auf Inschriften, die unter Verwendung bestimmter Chiffren in Stein gemeißelt oder in Metall und anderen Materialien geschaffen wurden. Gegenüber der Philologie genießt die Epigraphik den Vorteil, dass der Erhaltungszustand der Texte im Original aufgrund des verwendeten Trägermaterials häufig weitaus besser ist. Leider jedoch transportieren Inschriften eher selten literarische Inhalte, vielmehr handelt es sich meist um offizielle Verlautbarungen einer Behörde, um Listen oder um Grabinschriften. Kaiser Augustus verewigte die Rechenschaft über seine Regierung in Form einer gemeißelten Inschrift, die mehrfach erhalten ist und vollständig rekonstruiert werden konnte. Von besonderer Bedeutung aber sind römische Bauinschriften. Diese beziehen sich nicht selten auf den Stifter oder die Person, der das Gebäude gewidmet ist. Eine von ihnen bezeugt beispielsweise die Zerstörung des Isistempels in Pompeji durch ein Erdbeben und dessen Wiederaufbau. Wurden Inschriften zu einem späteren Zeitpunkt getilgt oder abgeändert, erlauben Indizien wie Löcher in bestimmten Mustern manchmal Rückschlüsse auf die Befestigung von Metallbuchstaben und ermöglichen damit eine Rekonstruktion des ursprünglichen Textes. In den Grabinschriften tritt uns der römische Bürger entgegen, schildert Episoden aus seinem Leben, bittet uns, kurz zu verweilen und an ihn zu denken, teilt uns seinen Schmerz über den Verlust von Angehörigen mit. Oder er ermahnt uns ganz prosaisch, nicht auf seinen Grabstein zu pinkeln.

Zwischen Klassischer Philologie und Alter Geschichte angesiedelt ist die Papyrologie. Im Gegensatz zur Epigraphik analysiert sie Texte, die auf Trägern pflanzlichen und tierischen Ursprungs wie Papyrus, Holz, Leder oder Pergament aufgetragen wurden. Auch Wachstafeln, ein bei den Römern beliebtes Medium für Urkunden, zählen dazu. Funde, die durch Papyrologen entziffert werden sollen, durchlaufen häufig aufwendige naturwissenschaftliche Verfahren, bis sie lesbar sind. Ein berühmtes Beispiel sind die Schriftrollen aus der schon erwähnten »Villa dei Papiri« in Herculaneum, die bei ihrer Auffindung völlig verkohlt waren, jedoch mittels eines spezifischen mechanischen Verfahrens geöffnet werden konnten. Aufgrund der Brüchigkeit des Materials zerstörte man dabei nicht wenige von ihnen unwiederbringlich. Inzwischen werden unversehrte Rollen nichtinvasiv mittels dreidimensionaler Röntgenaufnahmen lesbar gemacht. Neueste Verfahren nutzen Teilchenbeschleuniger, um die Texte mit Synchrotronstrahlen zu extrahieren. Ähnlich berühmt sind die Wachstafeln des Geschäftsmannes Caecilius Iucundus aus Pompeji, die geschäftliche Vorgänge dokumentierten. Da auf ihnen oft ganz banale Käufe, Verkäufe oder Kredite festgehalten sind, erlauben sie einen detaillierten Einblick in das tägliche wirtschaftliche Leben der Stadt. Und diese Wachstafeln liefern noch eine weitere wichtige Information: Sie enden exakt im Jahr 62 n. Chr. und stützen damit die Datierung eines schweren Erdbebens, das in zwei antiken Quellen erwähnt wird, jedoch ärgerlicherweise für zwei unterschiedliche Jahre.

Numismatik

Gegenstand der Numismatik ist die Erforschung von Münzen, mit denen spätestens seit dem 6. Jahrhundert v. Chr. Geschäfte abgewickelt wurden. Gerade in römischer Zeit können Zahlungsmittel sehr genau historischen Abschnitten zugeordnet werden, denn beinahe jeder Politiker hohen Ranges ließ während seiner Amtszeit Münzen prägen. Diese waren auf der Rückseite häufig mit Symbolen und auf der Vorderseite mit

Porträts versehen. Zudem besaßen sie eine Signatur, die eine ziemlich genaue zeitliche Einordnung gestattet. Für den Archäologen sind Münzfunde stets Glücksfälle, denn durch sie erfahren wir, dass ein Ereignis frühestens zu einem bestimmten Zeitpunkt stattgefunden haben kann. In Pompeji zeugt ein solcher Fund von einem kindlichen Streich, wie er heute noch denkbar wäre. Im Raum eines Privathauses finden sich im Sockelbereich Abdrücke einer Münze aus der Zeit nach 70 n. Chr. Man benötigt nicht allzu viel Phantasie, um sich vorzustellen, was an jenem Tag passiert sein könnte: Handwerker waren im Haus und verputzten die Wand, machten dann eine Pause. Just diesen Augenblick muss ein Kind genutzt haben, um die Münze mehrfach in den frischen Putz zu drücken. Die Sache scheint keinen großen Ärger nach sich gezogen zu haben, zumindest wurden die Abdrücke nicht mehr entfernt und sind bis heute zu sehen. Dank ihrer deutlichen Ausprägung konnte man sie genau einer Münze zuordnen und somit den Zeitpunkt datieren, zu dem sich der Vorfall frühestens ereignet haben kann.

Noch eine weitere Münze sorgte für Furore: Wie geschildert, stand in Olympia eines der sieben Weltwunder der Antike, die Statue des Zeus, von der so gut wie keine Reste existieren. Jedoch zeigt eine Münze das Profil eines bärtigen Gottes, und die Forschung ist sich ziemlich sicher, dass hier der Kopf der von Phidias geschaffenen Zeusstatue abgebildet ist.

Geologie und Vulkanologie

Flüsse und Meer verändern im Laufe der Jahrhunderte die Gestalt eines Tals oder einer Küste. Dies hatte nicht selten dramatische Folgen für nahegelegene Siedlungen, die quasi ihrer Lebensgrundlage beraubt wurden. So wurden Häfen durch Verlandung in der Spätantike unbrauchbar, zahlreiche Flüsse verlagerten ihre Mündung immer weiter Richtung Meer. Die einst blühende Hafenstadt Ostia verlor nicht zuletzt durch die Entstehung von Sumpfgebieten und damit einhergehenden Malariaepidemien ihre Funktion in der Spätantike vollständig.

Aber auch Naturkatastrophen veränderten auf einen Schlag die Lebensbedingungen von Siedlungen und ganzen Landstrichen. Hinreichend bekannt ist der Mythos der antiken Stadt Atlantis (genaugenommen sprechen antike Quellen von einem Inselreich), die angeblich innerhalb von 24 Stunden im Meer versank. Während diese Geschichte wohl dem Reich der Fabel zuzuordnen ist, sind für die Antike mehrere Beispiele tatsächlicher Katastrophen verbürgt, die zum Untergang ganzer Städte, schlimmstenfalls zum Niedergang ganzer Kulturen führten. Auf Santorin verbarg sich unter meterhohen Schichten aus vulkanischer Asche eine in großen Teilen erhaltene Stadt der Bronzezeit, mit Straßennetz und Wohnhäusern, öffentlichen Plätzen. Funde und Analysen sowie antike Quellen legen die Vermutung nahe, dass diese Stadt namens Akrotiri etwa in der Mitte des 2. Jahrtausends v. Chr. durch einen gewaltigen Vulkanausbruch ausgelöscht wurde – ihm verdankt die heutige Insel Santorin ihr an einen Krater erinnerndes Aussehen. Umstritten ist allerdings, ob die Katastrophe, deren Auswirkungen auch auf Kreta spürbar gewesen sein müssen, für den Untergang der minoischen Kultur mitverantwortlich zeichnet.

Unstrittig sind die Auswirkungen des Vesuvausbruchs auf die Bucht von Neapel. Untersuchungen am Sediment der Küste haben erwiesen, dass das Meer vor der Naturkatastrophe ca. zwei Kilometer näher an Pompeji lag als heute. Schlagartig hatte sich also das Küstenprofil geändert; was den Siedlungen wiederfuhr, die nicht unmittelbar von den Folgen des Ausbruchs selbst betroffen waren, kann nur spekuliert werden – es muss dramatisch gewesen sein.

Der Untergang von Pompeji wurde literarisch und filmisch mehrfach verarbeitet. 2003 produzierte die BBC eine wissenschaftlich seriöse Rekonstruktion der Ereignisse, basierend auf Erkenntnissen der Vulkanologie und der berühmten Briefe des Plinius. Dessen vor beinahe 2000 Jahren verfasste Beschreibung deckt sich in vielem mit Erkenntnissen der jüngsten Vulkanforschung. Ein Wissen, das jedoch noch nicht vorlag, als die Stadt entdeckt und Romane wie *Die letzten Tage von Pompeji* entstanden. So hat sich uns das Bild von zäher Lava, die sich langsam durch die Straßen wälzt, ebenso eingeprägt wie das eines Feuer- und Glutregens, der die Gebäude entzündet und die wehrlosen Opfer tötet.

Heute weiß man, dass die Folgen des Ausbruchs rein optisch weit weniger spektakulär, gleichwohl de facto viel vernichtender waren. Es gab weder Lava noch beständigen Feuerregen, stattdessen neben dem feinen Bimssteinhagel recht große Tuffbrocken, mit denen der zürnende Berg die Stadt gleichsam bombardierte. Fundorte von Opfern in Pompeji zeigen bestimmte Charakteristiken. Ganze Gruppen von Menschen hatten sich in Räume geflüchtet und kamen dort zu Tode, andere wurden auf der Straße durch umstürzende Gebäudeteile erschlagen. Opfer, die länger überlebt haben, finden sich in einer Ascheschicht oberhalb der Bimssteine. Im Südwesten der Stadt lassen sich die vulkanischen Materialien, die der Vesuv über Pompeji ausgebreitet hat, sehr gut im Schichtprofil betrachten. Einer hohen Schicht aus krümeligem Bims folgt eine graue, wesentlich dünnere, sehr kompakte aus

Asche, schließlich erneut eine dicke aus Bims, die nach oben durch die heutige Erdschicht abgeschlossen wird. Einzeln und in Maßen hätten die federleichten Bimssteinchen kaum großen Schaden anrichten können, doch vom Berg zu dicken Lagen aufgeworfen, brachten sie die Dächer zum Einsturz. Fliehende hingegen dürften den dichten Regen zwar als beschwerlich empfunden haben, tödlich war er für sie aber wohl nicht.

Erst seit wenigen Jahren ist bekannt, dass die über rutschige und knirschende Hügellandschaften aus Lapilli hastenden Menschen tatsächlich einem ganz anderen Phänomen zum Opfer fielen: So genannten pyroklastischen Strömen, einem Gemisch feinster vulkanischer Asche und heißer Gase, das in den frühen Morgenstunden nach dem Beginn des Ausbruchs mit hoher Geschwindigkeit gleich einer Lawine die Flanke des Vesuvs hinabraste und die Stadt überrollte. Eine ähnliche Wolke hatte schon zuvor in Herculaneum zahllose Einwohner getötet, die sich in Schuppen im Bereich des Hafens geflüchtet hatten. Erst sehr viel später im Verlauf des Vesuvausbruchs wurde das Städtchen durch eine Schlammlawine endgültig überflutet. In Pompeji hat die kompakte Ascheschicht Menschen, Tiere, Gegenstände einschlossen. Darauf regnete es stundenlang Bimsstein, der sich zu meterhohen Lagen auftürmte. Die Ascheschicht verhärtete zunehmend, die organischen Bestandteile im Innern zerfielen im Laufe der Zeit. So ist es heute möglich, nach der von Giuseppe Fiorelli entwickelten Methode die entstandenen Hohlräume auszugießen und das darin Verborgene zurückzugewinnen.

Ein Beispiel für die Zusammenarbeit der Disziplinen

Schon bei der Vulkanologie und der Geologie handelt es sich eigentlich nicht mehr recht um Nachbardisziplinen, sondern eher um Fächer, die in der heutigen Archäologie eine große Hilfe sein können. Weiteren werden wir in den folgenden Kapiteln noch begegnen – von der Paläophytologie über die Genetik bis hin zur Informatik. Zunächst aber ein kleines Gedankenexperiment:

Gehen wir einmal rein hypothetisch von der Ausgrabung eines neu entdeckten landwirtschaftlichen Betriebes in Pompeji aus, der beim Ausbruch des Vesuvs verschüttet wurde: Das Gebäude besteht zum Teil aus Ziegel und Bruchstein, allerdings ist ein Nebeneingang aus schweren Tuffblöcken konstruiert. In einem Raum finden sich Reste einer Weinpresse und zahlreiche Amphoren, die in einer Ecke aufgestapelt wurden und alle den gleichen Stempel tragen. Eine kleine feste Kruste in einer Kammer birgt den Fuß einer Kline (Speisesofa). Die übrigen Räume sind mit Wandmalereien verziert, darunter einige mythologische Darstellungen. Die Böden sind zum Teil von Mosaiken bedeckt. Außerdem kann eine beträchtliche Anzahl an Münzen geborgen werden. An der Wand beim Haupteingang hat jemand sich neben einer Wahlinschrift mit »In nova fert animus mutatas dicere formas corpores« verewigt. Das Wasserbecken im Atrium schmückte eine Marmorstatue des Dionysos, die Rückwand des Innenhofs eine Büste, vermutlich des Hausherrn.

Der Archäologe wird nun anhand der Ziegel, des Mauerwerks, der Fußböden, insbesondere der Mosaiken in der Lage sein, das Gebäude der letzten Phase Pompejis zuzuordnen, wobei der Nebeneingang auf ältere Strukturen verweist.

Zwei Räume können aufgrund der dort gefundenen Gegenstände eindeutig identifiziert werden. Der Epigraphiker wird näher bestimmen können, aus welchem Jahr die Wahlinschrift stammt und auf wen sie sich bezieht. Der Numismatiker kann die Münzfunde zeitlich einordnen, der Kunsthistoriker analysiert die Darstellungen auf den bemalten Wänden und die Statuenausstattung. Er identifiziert den Typus des Porträts und entdeckt ggf. verdächtige Ähnlichkeiten zu bestimmten Kaiserporträts. Der Philologe erkennt in den eingeritzten Buchstaben den Anfang von Ovids *Metamorphosen*, gleichzeitig steigt ihm die Zornesröte ins Gesicht, weil der Satz grammatikalisch inkorrekt wiedergegeben ist. Anstelle von »corpores« müsste es »corpora« heißen, ein Hinweis darauf, dass der antike Schreiberling nicht unbedingt zu den hochbegabten Schülern gehörte. All dies fasst der Historiker zu einem großen Ganzen zusammen, fügt das Gebäude und seinen Mikrokosmos in ein wirtschaftliches System ein und zeigt die weiten Handelswege, über die der Wein dieses Bauernhofes transportiert wurde. Anhand des Porträts schließt er auf die politische Situation, ebenso aufgrund der Wahlinschrift; beide erlauben Rückschlüsse auf Verbindungen des dort genannten Kandidaten zu benachbarten Städten oder vielleicht sogar bis nach Rom. Die Ausstattung des Hauses und der an die Hauswand gekritzelte Spruch schließlich gestatten Mutmaßungen zur sozialen Stellung der Familie.

Die Trennung zwischen den einzelnen wissenschaftlichen Disziplinen ist natürlich nicht strikt, jeder Archäologe sollte in der Lage sein, die aufgezählten Detailbefunde weitestgehend selbst zu analysieren. Gleichwohl tauchen immer wieder Fragen auf, für die es tatsächlich eines darauf spezialisierten Kollegen bedarf.

Von der Theorie zur Praxis – die Ausgrabung und Alternativen dazu

»Wer suchet, … der findet!«

In dem kleinen Ort Heitersheim südlich von Freiburg weist ein Schild zu einer »Villa rustica«, einem römischen Landhaus. Weiter südlich kann bei Badenweiler die Anlage eines Heilbades, ebenfalls aus römischer Zeit, besichtigt werden. Im Saarland findet sich bei Nennig eines der bedeutendsten Mosaiken römischer Zeit nördlich der Alpen. Die Liste antiker Hinterlassenschaften ließe sich beliebig erweitern. Nicht immer ist man in der glücklichen Lage, dass Ruinen bis in die Neuzeit aufragen, wie in Athen, Rom, Trier, Mainz, Köln oder Nîmes. Weit häufiger ruhen die Reste einer einst blühenden Kultur tief in der Erde und harren ihrer Entdeckung.

Hinterlassenschaften antiker Kulturen können auf vielfältige Weise an Tageslicht treten, zum Beispiel als Zufallsfunde, wie römische Münzen in einem Gefäß auf einem Acker, oder als Resultat einer systematischen Suche, wie bei Schliemann. Manchmal deuten bereits Merkmale im Gelände auf Verborgenes hin.

Zufallsfund Ötzi – wie eine Bergung nicht ablaufen sollte

Im Jahr 1991 geisterten erstaunliche Bilder durch Presse und Fernsehen. In den Alpen hatte man den stark mumifizierten Körper eines Menschen entdeckt. Dem Anschein nach ein Opfer des Berges, das an dieser Stelle vor Jahren zu Tode gekommen war und dessen Überreste das Eis nun freigegeben hatte. Umstehende versuchten, die Leiche grobmotorisch mit einem Eispickel freizulegen. Um sie und die Gegenstände in ihrer Umgebung zu verpacken, wurde passend gemacht, was nicht passte, unter anderem ein Bogen zerbrochen. Der Körper sollte schon zur Bestattung freigegeben werden und wäre damit für immer verloren gewesen. Buchstäblich in letzter Sekunde stellte sich heraus, dass es sich um einen der wertvollsten prähistorischen Funde handelte: die Mumie eines ca. 40-jährigen Mannes aus der Zeit um 3300 v. Chr. Nach Grenzstreitigkeiten bezüglich des Auffindungsortes hat man für sie und ihre zahlreichen Beifunde ein eigenes Museum in Bozen errichtet, in dem sie unter höchsten Sicherheitsvorkehrungen konserviert wird.

Landwirtschaftliche Nutzflächen bieten die einzigartige Möglichkeit, verborgene Mauerstrukturen zu lokalisieren. Durch die unterschiedliche Tiefe des Erdreichs erhalten Pflanzen, die über Mauerresten wachsen, weniger Nährstoffe als solche daneben. Daher können unter bestimmten Bedingungen – abhängig von Lichteinfall und Höhe der Vegetation – ganze Mauerzüge oder Grundrisse gestochen scharf abgebildet werden. Hier findet die **Luftbildarchäologie** Anwendung. Es ist üblich, Gebiete, die verborgene Gebäudereste erwarten lassen, mit Flugzeugen abzufliegen und Spuren in der Vegetation anhand von Fotos zu katalogisieren. Eine Auswertung der Aufnahmen und die Sichtung vor Ort helfen dann bei der Entscheidung, ob eine Grabung lohnenswert scheint. Mittlerweile liefern oft auch Drohnen die genannten Aufnahmen; aufgrund ihrer vergleichsweise geringen Reichweite werden sie jedoch lokal begrenzt und zielgerichtet eingesetzt. Auch Google Earth mit seinen hochauflösenden Aufnahmen kann eine wertvolle Hilfe beim Auffinden von im Erdreich oder unter Wasser in Küstennähe verborgenen Strukturen sein. Tatsächlich konnten mit diesem Service bereits historische Objekte identifiziert werden.

Die satellitengestützte Archäologie widmet sich der Suche nach oder Überwachung von archäologischen Stätten. Global Xplorer.org stellt hochauflösende Aufnahmen bereit, Besucher der Website können selbst Gebiete erkunden und Objekte, die überprüft werden sollten, an das Team melden.

Spezifische Instrumente helfen bei der Suche am Boden. Tragbare **Radargeräte** senden Wellen ins Erdreich und werten die Schwankungen in der Dichte aus, beim systematischen Abschreiten entsteht ein Abbild, das im Idealfall kompakte Mauerzüge, aber auch Gruben, Hohlräume und Pfostenlöcher kartiert. Dies funktioniert allerdings nur dort hinreichend präzise, wo eine saubere Trennung zwischen gebauter Struktur und weitestgehend unberührtem Erdreich vorhanden ist, in Siedlungen mit mehreren Bebauungsphasen stößt die Methode sehr schnell an ihre Grenzen. Im Hof der pompejanischen Zentralthermen beispielsweise erwies sich der Einsatz eines solchen Gerätes als nutzlos, da man bereits beim Errichten des

Luftbildaufnahme einer archäologischen Stätte im französischen Vieux Portiers aus dem Jahr 1976. Auf den Feldern zeichnen sich die ehemaligen *insulae* (Wohnblöcke) einer römischen Siedlung ab.

Gebäudes in der Antike das Gelände mit Trümmern noch älterer Bauten aufgefüllt hatte: Das Ergebnis des Bodenradars erbrachte lediglich eine chaotische Signalwolke ohne jeglichen verwertbaren Hinweis auf einen Grundriss älterer, nun überbauter Häuser.

Metalldetektoren sind tragbare Geräte, die magnetische Pulswellen ins Erdreich abgeben. Treffen diese auf Metallgegenstände, verzögert sich der gemessene Wert bis zum Abklingen der Welle. Die Detektorfläche ist tellerförmig und deckt nur einen sehr begrenzten Bereich ab. Von daher eignet sich diese Methode, um Reste aus bearbeitetem Metall zu lokalisieren. Dabei kann es sich um kleine Einzelstücke wie Münzen oder Schmuck handeln, aber auch um weit verzweigte Leitungssysteme. Leider hat sich das Benutzen solcher Detektoren in den letzten Jahren zu einem beliebten Hobby entwickelt, und es besteht die Gefahr, dass beim laienhaften Aufspüren der Fundzusammenhang verlorengeht!

Ausgraben bzw. Freilegen

Jeder Ausgrabung geht das Bestimmen der genauen Position voran. Dazu wird das betreffende Areal anhand eines Rasters in Quadrate mit einer Kantenlänge beispielsweise von 1 Meter eingeteilt. Die Felder erhalten eine fortlaufende Nummerierung, die so angelegt ist, dass sie bei Bedarf in jede Richtung erweitert werden kann. Das Raster erhält mindestens einen Bezugspunkt, der wiederum in ein größeres System eingehängt wird und so fixiert werden muss, dass seine Koordinaten unveränderlich bleiben. In Pompeji zum Beispiel existieren mehrere, von Vermessungsingenieuren definierte Fixpunkte für das Stadtgebiet, die das Einmessen von lokalen Positionen in das Stadtsystem ermöglichen. Diese sind weit präziser als etwa GPS-Werte, da Letztere immer eine Streuung im Zentimeterbereich aufweisen. So wird sichergestellt, dass eine Kalibrierung mittels des Theodoliten sowohl die korrekten lokalen Koordinaten erhält, als auch präzise ins übergeordnete Stadtkataster eingefügt ist. Sind Raster und Startpunkt erstellt, geht es an die eigentliche Ausgrabung.

Die Erdarbeiten beginnen mit dem Festlegen des Areals, in dem es überhaupt sinnvoll scheint, Boden abzutragen. Geleitet wird diese Entscheidung von der Erwartung wertvoller neuer Ergebnisse oder unterstützender Erkenntnisse zur Verifizierung bereits erschlossener Fakten. Wie sehr einen diese Erwartungen mitunter trügen können, habe ich im einleitenden Kapitel geschildert … Vom ersten Spatenstich an jedenfalls werden alle weiteren Aktionen täglich in einem Grabungstagebuch festgehalten. Was jetzt geschieht, nähert sich dem Bild, das die Tätigkeit von Archäologen in der Öffentlichkeit geprägt hat.

Eine Ausgrabung erfolgt immer in horizontalen Lagen, wobei die oberen Erdschichten mittels grober Werkzeuge abgetragen werden können. Meist reichen Schaufel, Hacke und Schubkarre, bei großflächigen Projekten ist durchaus der Einsatz schweren technischen Gerätes üblich. Sobald die relevante Tiefe erreicht wird, also dann, wenn sich nur noch vereinzelt Plastiktüten oder Flaschen einer weltweit verbreiteten amerikanischen Brause finden und einzelne Scherben auftauchen, beginnt die Feinarbeit mit Kelle und Pinsel. Die Abtragung erfolgt flächig, und von Anfang an gilt es, auf Verfärbungen im Erdreich zu achten, etwa auf das Auftauchen von Asche als Indiz für eine Feuerstelle oder einen Brand, das Auftreten von Kalkpulver als Indiz für Bautätigkeiten. Übrigens schwört jeder Archäologe auf seine persönliche Kelle. Es mag skurril klingen, aber mit der Zeit gehen Hand und Werkzeug eine Art Symbiose ein. Man entwickelt eine Sensibilität für selbst leichteste Veränderungen im Boden und kann die ersten Anzeichen noch verborgener Fundstücke oder baulicher Strukturen erfühlen. Ein Archäologe ohne seine Kelle ist durchaus vergleichbar mit einem Kind, dessen Lieblingsstofftier zu Hause vergessen wurde.

Kommen Mauerstrukturen, Einzelfunde oder Böden zum Vorschein, müssen diese generell eingemessen, danach fotografisch dokumentiert und gezeichnet werden. Fotografien und Skizzen erhalten eine Beschriftung, die das Raster und die Schicht notiert, damit man später jederzeit die genaue Fundposition abrufen kann. Jetzt ist Geduld gefragt, denn mit dem

Wie stellt sich das Erforschen antiker Stätten in konkreten Zahlen dar? Die Vorbereitungen für das Zentralthermen-Projekt beispielsweise starteten 2001. Beteiligt waren die Soprintendenza in Pompeji, das Königlich Niederländische Institut in Rom und das Institut für Geodäsie und Fernerkundung der Universität Karlsruhe. Die Arbeiten starteten im Jahr 2003. Die Grabungskampagnen in Pompeji dauerten jeweils 21 Tage im Sommer. 7-tägige Messkampagnen wurden im Frühjahr und Herbst durchgeführt. An den Feldarbeiten waren jeweils 2 Archäologen und 6 Studenten beteiligt, 2 Vermessungsingenieure und 1 Assistentin führten die komplette Bauaufnahme durch. Die offiziellen Arbeiten endeten 2007. Die Gesamtkosten lassen sich mit ca. 60 000 Euro beziffern. Die Nachbereitung der Ergebnisse mit Kontrollen vor Ort dauert bis heute an.

Auftauchen von Befunden muss weiterhin das System des gleichmäßigen Abtragens in Schichten beibehalten werden, weder ein Graben entlang von Mauerzügen noch das isolierte Ausgraben beispielsweise eines Gefäßes wären sinnvoll. Je filigraner die Funde, desto feiner das eingesetzte Werkzeug. Es kann tatsächlich erforderlich sein, einen Mosaikboden in geduldiger Feinarbeit mit Scaler und Pinzette eines Dentisten freizulegen, um zu verhindern, dass die Steinchen aus ihrer ursprünglichen Lage bewegt werden.

Mit dem Abtragen der einzelnen Erdschichten entsteht am Rand der Grabung ein Schichtenprofil, das aufgrund von Einschlüssen wie etwa Ascheflecken oder eines Wechsels in der Zusammensetzung des Erdreichs wichtige Aussagen ermöglicht.

Grabungsalltag: das akribische Durchkämmen des Erdreichs

Ausgrabungen verursachen einigen logistischen Aufwand. Selbst bei kleinen Schnittgrabungen fallen schnell riesige Mengen an Schutt an, der zunächst gesiebt, anschließend an geeigneter Stelle gelagert werden muss. Nicht immer ist ein Abtransport problemlos machbar, in Pompeji etwa gestattet das antike Straßenpflaster nur bedingt den Einsatz von Fahrzeugen. Je weiter eine Grabung in die Erde vordringt, desto instabiler werden die Ränder. Daher ist ab einer bestimmten Tiefe zudem die Sicherung der Seitenwände unabdingbar.

Messen, scannen, fotografieren

Taucht ein Befund oder Einzelfund auf, wird dieser innerhalb des für ihn gültigen Rasters eingemessen. Dabei kommt am häufigsten das gute alte **Maßband** zum Einsatz. Wie bei der Kelle schwören die Archäologen auch hier auf bestimmte Fabrikate, denn oft ist es erforderlich, Höhenmaße abzugreifen. Man legt dann einen gewissen Ehrgeiz an den Tag, um weit entfernte Ecken oder Kanten zu erreichen, tastet sich mit dem Metallband vorsichtig nach oben – und vernimmt nicht selten ein lautes, metallisch schnappendes Geräusch, mit dem die Gerätschaft sich nach hinten neigt und zurückschnalzt. So beginnt alles von vorn. Beim Messen kommen nach wie vor auch Wasserwaage und Senkblei zum Einsatz. Leider führte Letzteres – als schwerer und spitzer Metallkegel irrtümlich mitgeführt im Handgepäck – schon mehrfach zu Irritationen bei Flughafenkontrollen, und ich habe sowohl in Basel als auch in Stuttgart diverse dieser Stücke zurücklassen müssen.

Bei jeder Ausgrabung stehen geheimnisvolle Geräte auf dreibeinigen Stativen herum, die sehr präzisen Messungen im größeren Kontext dienen. Ihre einfachste Form ist eine Art Fernrohr, das so genannte **Nivelliergerät**. Dieses bewegt sich ausschließlich in einer horizontalen Ebene, deren Höhenwert ermittelt wird und als Referenz dient. Nun stellt eine zweite Person eine Messlatte auf den Punkt, der vermessen werden soll; der abgelesene Wert ergibt die Höhendifferenz. Das ist praktisch, um beispielsweise in einem ummauerten Hof das Gefälle des Geländes an mehreren Ecken zu ermitteln.

Weit fortschrittlicher ist der **Theodolit**. Er ist nicht auf die Horizontalebene beschränkt, sondern erlaubt überdies eine Messung in der Vertikalen. Zunächst wird das Gerät auf dem Stativ exakt kalibriert, dann in das Koordinatensystem eingerechnet. Eine in die Optik eingebaute Skala gestattet das Ablesen von Zahlenwerten. Auch hier werden weitere Personen gebraucht, die mit kleinen Reflektoren umherlaufen und diese Spiegel an die betreffende Stelle halten. Derjenige, der den Theodoliten bedient, zielt mit einem Fadenkreuz in der Optik in die Mitte des Reflektors und erhält die Winkel- und Höhenkoordinaten. Bedingung für eine Messung ist die direkte Sicht auf den Reflektor. In einer Stadt wie Pompeji mit zahllosen Touristen kann sich dies als schwierig erweisen. Ich erinnere mich an eine Gruppe niederländischer Studentinnen aus Leiden, die diesem Problem durch den Warnruf »Laser!« Abhilfe schafften: Alle die Sichtlinie kreuzenden Besucher gingen sofort in die Knie, um sich vor der vermeintlichen Gefahr zu retten.

> »Wir müssen nochmal nachmessen! Es gibt eine Abweichung von 7 Millimetern – 3 Millimeter kann ich akzeptieren!«
>
> Vermessungsingenieur, Karlsruher Institut für Technologie

Noch einmal fortschrittlicher ist die Weiterentwicklung des Theodoliten, die **Total Station**. Bei ihr handelt es sich um einen hochpräzisen Theodoliten mit eingebautem Computer samt Schnittstelle und – tatsächlich – einem Laser, der punktförmige Strahlen emittiert und deren Laufzeit misst. Unter idealen Bedingungen ist es damit möglich, über große Distanzen Ziele, etwa Maueroberkanten, anzuvisieren; die Koordinaten im dreidimensionalen Raum stehen sofort zur Verfügung und können, gekoppelt mit architektonischen Zeichenprogrammen, Schritt für Schritt Grund- und Aufriss eines kompletten Gebäudes errechnen. Ein Reflektor ist nicht mehr notwendig.

Eine der jüngsten Entwicklungen der Messtechnik, im Grenzbereich zur fotografischen Dokumentation, ist der **3D-Scanner**. Das Gerät wird in einem Raum platziert und innerhalb des Koordinatensystems kalibriert; dann tastet er selbstständig alle Wände ab, wobei eine Punktwolke mit einer schier unendlichen Anzahl an Pixeln entsteht. Durch Variieren des Standortes kann jeder Raum, und sei er noch so kompliziert gestaltet, vollständig vom Fußboden bis zur Decke nachgebildet werden. Der Wert dieses Verfahrens ist in Bezug auf Ruinen unschätzbar, da so der Erhaltungszustand selbst kleinster Details festgehalten werden kann und sich Veränderungen in späteren Jahren jederzeit nachvollziehen lassen. Einen Haken allerdings hat die Sache: Der Scanner weiß natürlich nicht, welche Details eines Raumes von Relevanz sind. Und so war auch ich beim Einsatz eines solchen Gerätes über die Qualität der Abbildung der Wände eines Raumes begeistert – bis ich feststellte, dass in einer Ecke ein Essigbaum, der dort wild wucherte und von mir übersehen worden war, mit all seinen Zweigen und Blättern naturgetreu wiedergegeben war und den Blick auf die Mauerstruktur verdeckte.

Im Zuge des in den 1980er Jahren von Volker Michael Strocka initiierten Forschungsprojektes »Häuser in Pompeji« hatte sich ein schon seinerzeit etwas betagt wirkendes Verfahren bewährt, das später bei unserer Erforschung der Zentralthermen ebenfalls zum Einsatz kam. Die so genannte **Fotogrammetrie** vereint Fotografie und Messtechnik und arbeitet hinsichtlich der Genauigkeit im Millimeterbereich. Erster Schritt ist das Anbringen von Messmarken im betreffenden Gebäude, an winzige Zielscheiben erinnernde Papierschildchen, die einfach mit einem Nagel im Mauerwerk verankert werden. Sollten Sie also jemals in Pompeji das Gebäude der Zentralthermen betreten und dort merkwürdige Papierreste an den Wänden sehen, dann wissen sie jetzt, dass ich es war.

Zweiter Schritt ist das Einmessen dieser Marken mit einem Theodoliten bzw. einer Totalstation. Es folgt das Fotografieren mit einem wahren Monstrum, einer Stereokamera mit exakt einem Meter Spannweite, deren gläserne Negativplatten so groß sind wie Postkarten. Weitere Messungen von signifikanten Details dienen der Absicherung. Danach findet das nächste Monstrum Anwendung – in unserem Fall im Institut für Fotogrammetrie und Fernerkundung der Universität Karlsruhe: ein stereometrischer Zeichentisch. Damit können in den Stereoaufnahmen Punkte räumlich angesteuert und mit Messwerten der Marken zu dreidimensionalen Zeichnungen verarbeitet werden. Nachteil: Man muss wirklich jedes Details abzeichnen, bei einer Mauer nicht nur jede Kante, sondern buchstäblich jeden Stein. Und als einer unserer Karlsruher Kollegen zufällig mit seinem recht beachtlichen Bauch in eine der Stereoaufnahmen geraten war, wurde der Vollständigkeit halber auch Letzterer in Form von Konturen und ovalen Höhenlinien erfasst. Vorteil: Archäologe und Vermessungsingenieur besprechen die Bereiche, die wichtig sind, vorab, daher wird in den Aufrissen kein Essigbäumchen auftauchen. Die Zeichnungen können direkt in einem Architekturprogramm weiterverarbeitet und mit entsprechenden Elementen bis hin zu einer vollständigen Rekonstruktion ergänzt werden.

Ein Segen für die Archäologie ist die Einführung der **digitalen Fotografie**. Denn wer erinnert sich nicht? Diafilme mit maximal 36 Aufnahmen, die man eintüten und einem Briefkasten anvertrauen musste, in der Hoffnung, dass der wertvolle Inhalt wohlbehalten am Zielort ankommen und entwickelt werden möge. Dann zu Hause die bange Frage, ob die Aufnahmen verwertbar sind. Sind die Begleitnotizen so gut, dass alle Detailaufnahmen identifiziert und zugeordnet werden können?

Diese Probleme gehören der Vergangenheit an. Heute ist es möglich, mehrere Hundert Aufnahmen zu schießen, sie sofort

Kombination von Handwerk und bewährter Technik: links eine Stereokamera, rechts das manuelle Anbringen von Messmarken

digital zu bearbeiten, zu speichern (oder zu verwerfen) und zu katalogisieren. Allerdings vermag die digitale Fotografie in manchen Aspekten noch heute nicht mit der analogen Technik mitzuhalten. Beim Projekt »Häuser in Pompeji« wurde eine Fachkamera der Firma Linhoff benutzt, für weitere Aufnahmen eine analoge Hasselblad. Beide produzierten im Negativ Größen von 5 × 7 bzw. 6 × 6 Zentimetern. Die Körnung der Filme war so fein, dass die Detailauflösung von den modernsten Digitalsensoren nicht erreicht werden kann, die Qualität der Optik so hochwertig, dass selbst größte Wandabschnitte ohne optische Verzerrung fotografiert werden konnten. Zwar hatten die Rollfilme der Hasselblad ihren Preis und die aus beschichtetem Glas bestehenden Fotoplatten der Linhoff erwiesen sich als entsprechend empfindlich, jedoch ließ sich jedes noch so kleine Detail auf den Abzügen ausmachen, während die Körnung selbst unter Verwendung einer Lupe unsichtbar blieb. Die Digitalfotografie kann da noch immer nicht vollständig mithalten.

Vor der Verfügbarkeit von Drohnen stellte sich das Anfertigen von Gesamtaufnahmen eines Grabungsgeländes aus der Luft als ziemlich schwierig dar. Allein die Kosten für das Anmieten des geeigneten Fluggerätes samt Piloten hätte sicherlich das Budget eines jeden Forschungsprojekts gesprengt. Wurden dennoch Übersichtsaufnahmen benötigt, griff man zuweilen auf kleine **Heliumballons** zurück, an deren Unterseite eine analoge Kamera befestigt war. Da der Ballon nur eine begrenzte Tragfähigkeit hatte, durfte diese keine allzu schwere Optik aufweisen – die Qualität der Aufnahmen war jämmerlich. Ausgelöst wurden die Fotos durch einen Seilzug, während der Ballon selbst mit einem ca. 30 Meter langen Haltetau in Position gezogen wurde. Die Konstruktion erwies sich als äußerst störrisch, ich selbst bin in der Türkei an so einem Ballon schier verzweifelt, wollte er doch weder da verharren, wo er gebraucht wurde, noch überhaupt für wenige Sekunden stillhalten, damit ein Foto hätte geschossen werden können. Da die Hülle zudem hitzeempfindlich war, verabschiedete sich mein Exemplar schließlich mit einem dumpfen Knall und segelte zur Erde. Nach meiner Abreise scheint es zu einem weiteren Unglück mit dem zweiten Ballon gekommen sein. Offenbar zerplatzte er beim Auffüllen vor der Schiebetür des VW Busses und entließ das Helium schlagartig ins Wageninnere. Wie mir eine bei der Szene anwesende Kollegin glaubhaft versicherte, entbehrten die das Unglück kommentierenden Ausrufe und Flüche nicht einer gewissen hochgestimmten Komik …

Eine Besonderheit: Unterwasserarchäologie

Wie trügerisch die Stabilität der Erde ist, zeigt sich am Beispiel der Hafenstadt Pozzuoli. Gegründet vermutlich im 6. Jahrhundert v. Chr. von Griechen, erlangte sie wegen ihrer Thermalquellen große Berühmtheit. Heute kann man unter anderem die Reste des ehemaligen Macellums (Markthalle) besichtigen. Die Ruine liegt in einer Art Sumpfgebiet, steht aber auf dem Trockenen. An den Säulen lassen sich bis in eine bestimmte Höhe Bohrlöcher von Muscheln erkennen – das Niveau der Erde hat sich an diesem Ort also mehrfach gehoben und gesenkt, und das Gebäude stand wohl für eine gewisse Zeit unter Wasser. In der gesamten Bucht von Neapel ist Ähnliches zu beobachten. Unter dem Meeresspiegel erstrecken sich versunkene Villen, deren Mosaikböden und Statuenausstattung bis heute erhalten sind, und ganze Straßenzüge mit angrenzenden Wohnhäusern. Solche Ruinen zu erforschen ist die Aufgabe der Unterwasserarchäologie.

Die angewandte Methodik und die weitere Bearbeitung der Funde gleicht derjenigen an Land. Architektonische Reste werden vermessen, dreidimensional kartiert und fotografisch bzw. filmisch dokumentiert, wobei die Technik selbstverständlich an das Medium Wasser angepasst werden muss. Eine gewisse Einschränkung ergibt sich durch die Tatsache, dass den speziell ausgebildeten Tauchern nur ein zeitlich limitierter Luftvorrat zur Verfügung steht. Statuen aus Metall weisen immer einen sehr starken Besatz an Muscheln und sonstigen Ablagerungen auf, Statuen aus Marmor sind sehr häufig an der Oberfläche stark angegriffen, da das Material verhältnismäßig weich ist. Die spezifischen Eigenschaften des umgebenden Wassers können sich auf organische Stoffe positiv oder negativ

Ein schwieriges Unterfangen. Funddokumentation in der Unterwasserarchäologie bei Stourhead

auswirken. Vor Herculaneum beispielsweise fand sich ein Schiff mit beinahe vollständig konserviertem Bootskörper, selbst die Seile konnten geborgen werden. Bedeutend bei solchen Funden kann die Ladung sein, die beim Untergang des Schiffes mit in die Tiefe gerissen wurde: Ganze Frachtkähne waren vollgestopft mit Amphoren, Statuen oder Marmorsäulen, deren Analyse weitere Erkenntnisse nach sich zog. Berühmte Entdeckungen der Unterwasserarchäologie sind die Riace-Bronzen und die Schiffswracks von Mahdia.

Ansonsten sieht sich dieses Teilgebiet mit denselben Problemen konfrontiert wie die Archäologie an Land. Auch hier tummeln sich Hobbyforscher, in dem Fall Hobbytaucher, um die antiken Reste zu besichtigen, und nicht selten wandert ein kleines Fundstück als Souvenir mit an die Oberfläche. Da eine Absperrung der Objekte kaum realisierbar ist, hält man viele Orte mit wertvollen antiken Hinterlassenschaften schlichtweg geheim.

Ausgegraben! – Und nun?

Erkenntnisse aus Architektur und Statik

In vielen Fällen bietet es sich an, die Erkenntnisse des Archäologen unter Hinzuziehung weiterführender Methoden zu präzisieren. Ein Beispiel: Das Macellum (Markthalle) am Forum von Pompeji beherbergt eine kreisförmige Anordnung von Steinsockeln. Diese inspirierten zur Vorstellung eines Pavillons, einer Art Rundtempel, mit massiven Steinsäulen und einer schweren Dachkonstruktion. Als sich ein Architekt diesen Vorschlag näher ansah, brummte er missmutig, es sei dem Ideengeber zu wünschen, dass er nie unter dieser fiktiven Konstruktion stehen müsse, weil ihn dann deren herabstürzendes Dach erschlagen würde. Der Aufbau hätte also schlicht statisch nicht funktioniert; am wahrscheinlichsten war am Ende die Annahme, dass es sich um eine Art Zeltdach mit Holzstangen gehandelt hatte.

Bei der Analyse von Gebäuden und technischen Einrichtungen liegt es somit nahe, Architekten, Statiker und Spezialisten weiterer Disziplinen zu konsultieren. Die Einsatzmöglichkeiten ihrer Methoden sind vielfältig.

Der Einsatz von Computern

Computer eignen sich auf vielfältige Weise zur Unterstützung der archäologischen Forschung. Dies beginnt bei ganz simplen Aufgaben. Liegt der Schwerpunkt auf Recherchen zu Themenbereichen mit einer großen Anzahl an Fund- oder Vergleichsstücken – ein gutes Beispiel wären Untersuchungen zu antiker Keramik –, bietet sich der Aufbau einer **Datenbank** an. Durch die Such- und Filtermöglichkeiten könnten Hunderte Stücke innerhalb kürzester Zeit katalogisiert und anschließend hinsichtlich der Übereinstimmungen in ihren Eigenschaften verglichen werden. Bei Ausgrabungen ist dank Computer eine schnelle Erfassung der anfallenden Messwerte sowie der Foto- und Fundeinträge vor Ort realisierbar, wodurch diese sofort als Informationsquelle zur Verfügung stehen. Es muss kaum erwähnt werden, dass mittlerweile auch die Anbindung an das Internet und damit der Zugriff auf Bibliotheken, alte Fotosammlungen und (dank der fortschreitenden Digitalisierung) ältere Literatur große Bedeutung hat.

Eine ähnlich wichtige Rolle spielt das weite Feld der Computergrafik. Weniger spektakulär sind dabei schnöde Grabungspläne, Grundrisse und Skizzen. Der Aufbau von Gittermodellen mittels **Vektorgrafik** ist schon wesentlich beeindruckender und birgt eine zusätzliche Besonderheit. Da beim Erstellen von dreidimensionalen Zeichnungen mit echten Maßen gearbeitet wird, spiegelt das grafische Produkt alle Proportionen und Dimensionen genauestens wider, man kann also am Bildschirm Messungen vornehmen und etwa die Höhe einer Mauer oder die Größe eines Fensters bestimmen – und das so präzise, als würde man die Werte vor Ort mit einem Maßband ermitteln.

Im Jahr 1994 erschien ein kleiner Sammelband zum Thema *Computer und Archäologie*, der unter anderem meinen Beitrag zum Einsatz der Computergrafik enthält. Das dort verwendete System basierte auf einem 80286-Prozessor mit gesondertem Arithmetikprozessor. An das Rendern von dreidimensionalen Modellen war damals nicht zu denken, man konnte in vertretbarer Zeitspanne lediglich die Linien des Gittermodells verbergen, die außerhalb des Sichtfeldes lagen. Heute gibt es zu überschaubaren Kosten Computersysteme samt Grafikprogramm, die in der Lage sind, nicht nur Gittermodelle zu erstellen und frei im Raum zu drehen, sondern die Oberflächen zusätzlich mit dem passenden Material zu überziehen, Lichtquellen zu definieren, die korrekt Reflexionen und Schatten berechnen – im Handumdrehen entsteht das äußerst realistische Abbild eines Gebäudes, einer Statue, einer Vase, einer ganzen Stadt. Tatsächlich soll Pompeji bald als komplettes **Computermodell** im Internet abrufbar sein.

Natürlich will der Archäologe die Früchte seiner Feldarbeit ernten. Wie sah das Gebäude aus, ehe der Vesuv ihm das Dach weggerissen hat und es teils zum Einsturz brachte, es mit Bimsstein verschüttete? Mit welchen Möbeln und sonstigen Einrichtungsgegenständen war ein Wohnhaus ausgestattet? Wie sah der Zeustempel von Olympia aus, wie der Innenraum mit der sitzenden Goldelfenbeinstatue? Waren griechische Statuen bunt bemalt oder beließ man sie in der Farbe des verwendeten Materials?

Die Rekonstruktion mittels Computergrafik bietet zahlreiche Möglichkeiten. Von den Haupthallen der Zentralthermen in Pompeji beispielsweise sind nur noch die ca. 5 Meter hohen Seitenmauern erhalten. Notizen aus den ältesten Grabungsberichten Fiorellis beschreiben, dass sich in einem der Säle

Überreste eines eingestürzten Deckengewölbes fanden, welche heute spurlos verschwunden sind. Vergleicht man die Anlage mit ähnlichen in Pompeji, bei denen die Deckenkonstruktion im Original erhalten ist – etwa den Forums- beziehungsweise Stabianer Thermen –, so ist es relativ einfach, die Überdachung des Badetraktes der Zentralthermen zu rekonstruieren. Für die Front mit den großen Fensterflächen zum Innenhof kann man sich an einer Thermenanlage in Herculaneum orientieren, die hinsichtlich dieses Details besser erhalten ist. Die Heizungsanlage mit Feuerstellen, Hohlräumen unter den Fußböden und an den Wänden lässt sich aufgrund von Parallelbeispielen in ihrer Funktionsweise ebenfalls vollständig rekonstruieren. In den gemauerten Badebecken finden sich Abflüsse in Form von Bleirohren. Ihr Aussehen lässt sich von vollständig erhaltenen Becken, etwa in den Stabianer Thermen, ableiten. Und für die Toilette im Südwesten des Hofes, von der nur noch die Mauern übrig sind, kann als Vergleich eine Anlage an der Nordwestecke des Forums herangezogen werden. Auf diese Weise lässt sich Schritt für Schritt ein antikes Gebäude, das nur noch als Ruine existiert, in seiner ursprünglichen Gestalt rekonstruieren.

Natürlich bleiben Unsicherheiten – hinsichtlich der Bemalung der Wände, der Ausstattung mit Möbeln, weiterer Becken, Statuen. Aber auch hier ist basierend auf Erfahrungswerten aus anderen Thermenanlagen eine ziemlich genaue Annäherung möglich. Der Computer gestattet eine realistische Rekonstruktion der Badesäle, sogar eine Simulation der Lichtverhältnisse zu bestimmten Tageszeiten. Der Betrachter gewinnt so einen authentischen Eindruck davon, wie sich ein Besuch in der Antike optisch dargestellt hätte. Wenn die Anlage denn je in Betrieb genommen worden wäre. Unsere Forschungen nämlich haben ergeben, dass der Vesuvausbruch dies vereitelt hat. Somit wird uns per Computersimulation ein Raumeindruck eröffnet, der selbst den Bewohnern des antiken Pompeji nicht vergönnt war.

Das alles ist natürlich beeindruckend, es gibt jedoch auch Fallen. Beinahe jede Interpretation archäologischer Befunde birgt die Gefahr, dass die daraus abgeleitete Rekonstruktion in die Irre läuft. Wer erinnert sich nicht an die kurze Zeichentrickszene in *Monty Pythons wunderbarer Welt der Schwerkraft*: Eine Gruppe von Forschern entdeckt einen Gegenstand, der frappierend dem Daumen einer Statue ähnelt, eilt mit diesem lärmend in ein Museum und setzt ihn einem prähistorischen Tier als Nase in die dort vorhandene Lücke. Hier ein paar Fälle aus der Praxis:

Auf den Säulen der Vorhalle des Macellums (Markthalle) am Forum von Pompeji finden sich Kapitelle, deren unfertiger Zustand zu dem Schluss führte, die Vorhalle könne zum Zeitpunkt des Vesuvausbruchs noch nicht fertig gewesen sein. Jedoch zeigte sich, dass eben diese Kapitelle 1936 eigens in Rohfassung hergestellt worden waren, um ihre neuzeitliche Provenienz zu verdeutlichen – leider war die entsprechende Notiz nur schwer auffindbar.

Bei einer ersten Sichtung der Zentralthermen für unser Forschungsprojekt verleitete eine Bruchlinie im Mauerwerk einer der Hallen zu der Annahme, es müsse zwei Bauphasen gegeben haben und man könne deswegen und aufgrund weiterer Faktoren den Baubeginn der gesamten Anlage in eine wesentlich frühere Zeit datieren als zunächst angenommen – bis zutage trat, dass der betreffende Bereich durch einen Bombentreffer im Zweiten Weltkrieg zerstört und danach wieder aufgebaut wurde.

Besucht man das Forum von Pompeji, fällt einem sofort der beeindruckende Marmorfries am Eingangsportal des Gebäudes der Eumachia ins Auge. Bei genauer Betrachtung ist zu erkennen, dass das zentrale Motiv im First nicht mittig liegt, sondern seitlich versetzt, die Ranke also schlichtweg zu schmal für den Eingang ist. Bei der Ausgrabungen wurde sie aber genau vor dieser Stelle gefunden. Man mutmaßte, dass der Fries zu einem älteren Eingang gehört haben könnte, und man es kurz vor Ausbruch des Vesuvs nicht mehr schaffte, ihn dem neuen Portal anzugleichen. Es spricht aber einiges dafür, dass er schlicht Teil des unmittelbar benachbarten Tempels war, denn zieht man das im 19. Jahrhundert aus statischen Gründen ergänzte bourbonische Mauerwerk ab, passt er dort bestens hin.

Rekonstruktionen, die nichts oder wenig mit der Realität gemeinsam haben, aber mittlerweile selbst zu Kulturgütern geworden sind, finden sich häufig. Eines der Beispiele par excellence stellt der erwähnte Palast von Knossos dar, dessen Räume mit viel Beton und noch mehr Phantasie zu dem kreiert wurden, was wir heute sehen.

Datierungsmethoden

Die **Radiokarbondatierung** wurde in den späten 1940er Jahren von Willard Frank Libby entwickelt. Sie basiert auf der Tatsache, dass lebende Organismen über die Atmosphäre oder die pflanzliche Nahrung beständig einen gewissen Anteil an C14-Isotopen, einem radioaktiven Derivat des Kohlenstoffs, aufnehmen. Der Gehalt entspricht dabei weitestgehend dem Anteil der Atmosphäre. Stoppt der Stoffwechsel durch den Tod des Organismus, beginnt der Zerfall des Isotops. Die Halbwertzeit, also die Zeitspanne, bis sich der Anteil an C14-Atomen halbiert hat, beträgt (mit einem Abweichungsfaktor von plus/minus 40 Jahren) 5730 Jahre und erfolgt exponentiell, das heißt, nach weiteren 5730 Jahren hat sich der Rest erneut um die Hälfte abgebaut und so weiter. Nutzbar für die Archäologie und verwandte Disziplinen ist eine Zeitspanne zwischen ca. 300 und 60 000 Jahren.

Nun wäre es natürlich zu schön, wenn man eine Probe hinsichtlich des C14-Gehaltes analysieren könnte und dadurch sozusagen auf dem Präsentierteller ihr exaktes Alter erhielte. So einfach ist es leider nicht, denn im Laufe der Erdgeschichte war der Gehalt an C14 in der Atmosphäre beträchtlichen Schwankungen unterworfen. Auch gibt es verzögernde Faktoren für den Start des Zerfalls. Daher müssen Datierungen nach dem C14-Verfahren durch weitere Methoden abgesichert, sprich kalibriert werden.

Bei Holzfunden kann zudem die **Dendrochronologie** (Datierung anhand von Jahresringen) zur Anwendung kommen.

Die besondere Problematik bei der Datierung anhand des C14-Gehalts oder Jahresringen ist offensichtlich: In Bezug auf Schiffsfunde aus der Antike ergibt eine Analyse mittels beider Methoden nur den Augenblick, an dem der Baum gefällt wurde, nicht etwa den Zeitpunkt des Untergangs des Schiffes oder der Auffindung. Wir wissen nicht, wie lange das Holz gelagert, wann genau es im Rumpf verbaut wurde und wie viele Jahre danach das Schiff in See stach. Die plausible Datierung eines Objekts muss daher durch Beifunde ermittelt werden. Dies könnten Teile der Schiffsladung sein, charakteristische Stempel auf Amphoren, ein bestimmter Typus von Keramik, im Idealfall Münzen. All diese zusätzlichen Indizien ergeben eine annähernd genaue zeitliche Einordnung, immer mit einer gewissen Unschärfe von wenigen Jahren oder Jahrzehnten.

Sehr gut anwendbar ist die C14-Methode bei Knochen- bzw. Skelettfunden. Die Aufnahme von Kohlenstoffisotopen endet mit dem Tod des Lebewesens, daher ergibt die Analyse mittels C14 den Zeitpunkt des Ablebens. Wie alt aber letztendlich der Mensch, dessen Skelettteile gefunden wurden, tatsächlich war, ist Aufgabe weiterer Fachdisziplinen, etwa der Medizin bzw. Anthropologie.

Medizin, Anthropologie und Botanik

In Pompeji fanden und finden sich bis heute zahllose Knochenreste von Menschen, ca. 2000 Opfer konnten bisher individuell erfasst werden. Frauen, darunter werdende Mütter in einer fortgeschrittenen Schwangerschaft, Männer, Kinder. Die Skelettreste bieten vielfältige Ansatzpunkte, das Alter und den Gesundheitszustand einer Person zu analysieren. So erlauben Untersuchungen an Zähnen Rückschlüsse auf die Qualität der Ernährung. In der Antike verwendete man Steinmühlen, deren Abrieb sich immer mit dem Getreidemehl vermengte. Vom Zustand des Zahnschmelzes kann der Grad der Abnutzung abgeleitet werden.

Weitere Details verraten Einzelschicksale, etwa offensichtlich unbehandelte Abszesse, bei denen sich eitrige Entzündungen in den Kieferknochen fraßen und Löcher hinterließen, oder Lücken, die beweisen, dass erkrankte Zähne mechanisch entfernt wurden. Wer gewisse Ängste mit dem Besuch beim Zahnarzt verbindet, wäre im antiken Pompeji nicht gerade glücklich geworden.

Die Knochen verraten noch andere Details: Angeborene Missbildungen am Skelett, fehlerhaft zusammengewachsene Brüche, die zu bleibenden Haltungsschäden führten. Schließlich deutliche Spuren von Abnutzung, welche auf eine starke körperliche Belastung des Individuums hinweisen.

Die australische Archäologin Estelle Lazer untersucht seit mehr als 30 Jahren die Skelettreste in Pompeji. Ihre Aufgabe bestand zunächst darin, die über die ganze Stadt verstreuten bzw. unsystematisch in einem Raum südlich des Forums gesammelten Knochen zu sortieren und jeweils einer Person zuzuordnen. 1990 recherchierten wir parallel für unterschiedliche Projekte, und ich muss gestehen, dass es immer etwas schaurig war, nach meinen Untersuchungen der sterilen Gebäude am Forum in das Verlies zu ihr hinabzusteigen, wo sie uns – bei fahlem Lampenlicht und ohne eine Miene zu verziehen – einen Schädel oder einen Oberschenkelknochen präsentierte und ihre neusten Erkenntnisse schilderte.

Untersuchungen wie die von Estelle Lazer ermöglichen zahlreiche Rückschlüsse auf die Menschen der Antike. Dies beginnt mit ganz profanen Informationen wie etwa der durchschnittlichen Körpergröße, dem durchschnittlichen Alter. Zudem erfahren wir Details über statistisch verteilte gesundheitliche Leiden, die wiederum Rückschlüsse auf die körperliche Belastung und Hygiene erlauben. Die Ernährung und deren Qualität spiegelt sich in den Knochen ebenso wider wie Verletzungen und deren Heilungsprozesse. Aktive medizinische bzw. chirurgische Eingriffe lassen sich an direkten Spuren ablesen. Und schließlich gestatten tiefergehende Analysen die Identifizierung weiterer Faktoren, etwa im Skelett abgelagerte Giftstoffe. In diesem Zusammenhang taucht beispielsweise immer wieder die These auf, dass die

Verwendung von Bleirohren zur Wasserversorgung bei den Römern mitverantwortlich war für negative historische Entwicklungen bis hin zum Niedergang des weströmischen Reiches.

Auch bei Grabungen treten sehr häufig Hinweise auf die Ernährung der Menschen in der Antike zutage. Diese ergeben sich aus dem Fund von Feuerstellen oder Öfen, Jagdwerkzeugen, Keramik zur Speisezubereitung, Knochenresten von Beutetieren mit spezifischen Spuren, die Rückschlüsse auf die Vorbereitung für den Verzehr ermöglichen. Indizien einer pflanzlichen Ernährung sind ebenso anzutreffen: Mühlsteine für die Getreideaufbereitung, kleine Vorratsgefäße oder große Amphoren für die dauerhafte Lagerung. In Pompeji sind wir in der glücklichen Lage, dass sich nicht nur unzählige Hinweise auf den Anbau von Nutzpflanzen und Kräutern erhalten haben, sondern auch auf die Produktion von Lebensmitteln wie etwa Öl, Garum (einer Würzsoße aus fermentierten Fischbestandteilen), Wein. Die zahlreichen Garküchen, heutigen Fastfood-Restaurants nicht ganz unähnlich, bezeugen eine blühende Gastronomie. Und tatsächlich fanden sich Reste von Mahlzeiten, als habe der Vesuvausbruch die Gäste erst vor wenigen Augenblicken vom Tisch vertrieben. Gerichte aus Linsen, Zwiebeln, Eiern, Bohnen, Nüssen waren erstaunlich gut erhalten. In einem Ofen lagen verkohlte Brotlaibe, deren Form exakt der auf einer Wandmalerei entspricht.

Durch solche Funde und die Auswertung entsprechender Quellen kann heute eine ziemlich realistische Sammlung von antiken Rezepten bereitgestellt werden. Sie erlaubt das Nachkochen (eine Firma in der Bucht von Neapel liefert sogar eine Nachahmung des antiken Garum). Es sei jedem freigestellt, bis zum Äußersten zu gehen und ggf. mit Honig und Mohn bestrichene Haselmäuse zu kosten. Ich habe davon bisher Abstand genommen.

Analysen von Spuren in Häusern gestatten in Verbindung mit Abbildungen von Nutz- und Zierpflanzen auf Wandmalereien eine beinahe vollständige Rekonstruktion antiker Gärten. Den Anfang nahmen diese Forschungen mit Fiorellis Abgüssen von riesigen Baumwurzeln diverser Pinien in der Nähe der großen Palästra, die bis heute zu sehen sind. Dazu gesellen sich Erkenntnisse über die Kultivierung von Weinreben und das Keltern von Wein, einschließlich der technischen Hilfsmittel einer Winzerei, wie Weinpressen und im Boden versenkte Amphoren zur Lagerung. Die Erforschung der antiken Pflanzenwelt hat sich längst als eigenständiger Zweig etabliert und liefert gerade in Pompeji vollständige Rekonstruktionen von Gartenanlagen aus der Zeit vor dem Ausbruch des Vesuvs.

Rückschlüsse auf gesellschaftliche und politische Strukturen

Im Idealfall lässt sich aus den beschriebenen Erkenntnissen ein Gesamtbild zusammensetzen. Für Pompeji beispielsweise ergibt sich aus den Ruinen der Wohnhäuser, dem Straßennetz, öffentlichen Gebäuden, logistischen Einrichtungen wie einer Bootsanlegestelle, der Ausstattung, Möblierung, Thermenanlagen, Agrar- und Handelsbetrieben, nicht zuletzt der Grabbauten in Verbindung mit organischen Resten, das ziemlich genaue Abbild einer Stadt der frühen Kaiserzeit. Gesellschaftliche Strukturen lassen sich an der Größe der Grundstücke ablesen. So gab es palastähnliche Anlagen wie das Haus des Fauns ebenso wie einzelne Kammern, deren Inhaber seinem täglichen Gewerbe nachging, um anschließend im Obergeschoss zu nächtigen. Wir finden Gebäude, die an ein ausgeklügeltes System angeschlossen waren, das sie mit fließendem Wasser versorgte, neben anderen, deren Bewohner ihren Bedarf aus Brunnen decken mussten. In Rom und Ostia existierten mehrstöckige Mietskasernen, in denen zahlreiche Menschen hausten – die Dichter Juvenal und Martial schildern das tägliche Leben darin in lebhaften Szenen. Funde aus Athen lassen den Schluss zu, dass schon 500 Jahre früher eine Art sozialer Wohnungsbau existierte, Musterhäuser mit einem feststehenden Grundriss, der erst im Laufe der Zeit individuell modifiziert wurde.

In Stein gemeißelte Inschriften an öffentlichen Gebäuden im römischen Reich spiegeln die politische Großwetterlage wider, Grabinschriften und – nicht selten äußerst derbe – Wandinschriften in Pompeji den Mikrokosmos der einfachen Bürger mit ihren täglichen Sorgen, Nöten und Bedürfnissen, ihrem Humor. Aus der Summe des Wohnraums lässt sich zudem grob ermitteln, wie groß die Einwohnerzahl von Rom oder Pompeji gewesen sein muss. Wobei die Schätzungen hier weit auseinanderdriften: für Rom von mehreren Hunderttausend bis zu einer Million, für Pompeji von weniger als zehntausend bis hin zu über zwanzigtausend.

Und da wäre noch ein wichtiger Faktor: die Unterhaltung. Selbst eine vergleichsweise kleine Provinzstadt wie Pompeji besaß ein Amphitheater, das dem öffentlichen Vergnügen diente und mehreren Tausend Zuschauern Platz bot. Historisch verbürgt ist, dass sich in und um das Amphitheater eines Tages rivalisierende Gruppen – man könnte sie Hooligans nennen – gehörig verprügelten, so schlimm, dass sich Kaiser Nero veranlasst sah, die Anlage für eine gewisse Zeit zu sper-

Pompejanische Wandinschriften

»Wand, ich bewundere dich, dass du noch nicht zusammengebrochen,
So viel ödes Geschwätz bist du zu tragen verdammt.«
»Kampaner, mit einem Sieg seid ihr erledigt, zusammen mit denen aus Nuceria!«
»Wehe euch, Nero und Poppea!«
»Jucundus bumst schlecht.«
»Thymele mit fettem Arsch.«
»Alle meine Gelöbnisse: Tschüss!«
»Brüder Popidii, wartet! Achtmal habt ihr Bankrott gemacht!«
»Epaphroditus (...) mit Thalia hier«
...
»Valentina und Roberto waren hier. 18. 6. 2011«

ren. Unwahr ist, dass sich der Vesuvausbruch während einer öffentlichen Veranstaltung von Gladiatorenspielen ankündigte und zahllose Zuschauer in den Tod riss. Dieses in Romanen wie Filmen gerne aufgegriffene Szenario ist zweifelsohne dramaturgisch wirkungsvoll, entbehrt aber jeder historischen Grundlage.

Die Verteilung öffentlicher Gebäude, deren Ausstattung und Funktion lassen zudem auf den politischen Überbau schließen. In Pompeji finden sich Gebäude für den Kaiserkult, die in ihrer Architektur eng an Vorbilder aus der Hauptstadt angelehnt sind. Die Lokalpolitik hat ihre Spuren in Form von Stiftungen wie der des Gebäudes der Eumachia am Forum oder des Isistempels hinterlassen. Dazu kommen zahllose

Wandinschriften, die einen bestimmten Kandidaten für anstehende Wahlen empfehlen. Bronzestandbilder für verdiente Bürger, von denen leider nicht viel mehr erhalten ist als die Inschriften auf den gemauerten Sockeln, ergänzen dieses Bild einer Administration.

Umweltfaktoren

Dass mit dem Ende einer Ausgrabung die Verantwortung für antike Stätten keineswegs endet, lässt sich wiederum gut am Beispiel Pompejis zeigen.

Die antike Stadt war zum größten Teil mit körnigem und sehr leichtem Material bedeckt, was sich als Segen und Fluch zugleich erwies, denn genau dieser Umstand ermöglichte eine fast vollständige Aufdeckung innerhalb kürzester Zeit. Nun liegt das Areal seit Jahrzehnten, wenn nicht Jahrhunderten, unter freiem Himmel. Mittlerweile hat man die wichtigsten Gebäude mit Dächern versehen, der Rest jedoch ist schutzlos der Witterung ausgesetzt. Die Sommer in der Bucht von Neapel sind sehr heiß, im Winter ist der Gipfel des Vesuvs nicht selten schneebedeckt und es fällt sehr viel Regen – erhebliche Temperaturschwankungen sind typisch. All diese klimatischen Einflüsse wirken auf die Mauern der antiken Häuser und Gebäude ein. Die Vulkanerde rund um den Vesuv ist so fruchtbar, dass Pflanzen jeglicher Art bestens gedeihen. Ganze Heerscharen an Gärtnern sind daher quasi rund um die Uhr damit beschäftigt, die Ruinen von dem sie überwuchernden Dschungel zu befreien. Ein beinahe aussichtsloser Kampf. Zudem wandten die Römer beim Bauen eine bestimmte Technik an: Sie errichteten Schalen aus Bruchsteinen und verfüllten den

Kern dazwischen mit einem Gemisch aus Geröll und Mörtel – *Opus incertum*. Diese Mauertechnik ist sehr anfällig für Angriffe durch Klima und wuchernde Vegetation: Hitze, Kälte, Feuchtigkeit und Pflanzen bilden eine verhängnisvolle Allianz, um das Gemäuer zu zerstören.

Dazu kommen die sich täglich durch die Straßen wälzenden und in die Gebäude drängenden Touristenmassen. Im Fall von Pompeji, das zu den meist besuchten antiken Stätten gehört, sprechen wir von mehreren Millionen Besuchern pro Jahr. Grundsätzlich ist dagegen nichts einzuwenden, zumal dieses Interesse gewaltige Summen an Eintrittsgeldern erwirtschaftet. Leider jedoch gibt es immer wieder Zeitgenossen, die ihren Besuch zu etwas ganz Besonderem machen wollen. Da ritzt man seinen Namen und den der Liebsten in eine bemalte Wand, oder es wird ein Stückchen Ziegel aus einer Mauer gebrochen, als Souvenir. Beliebt ist auch das Abweichen vom offiziell für Besucher freigegebenen Areal. Dabei hat das Sperren von bestimmten Gebieten für den Touristenstrom durchaus seinen Sinn. Aufgrund der Baufälligkeit vieler Ruinen stehen die Chancen nämlich nicht schlecht, dass ein auf Abwegen herumstreifender Besucher entweder einen Stein oder aber gleich eine ganze Wand auf den Schädel bekommt. Gerne erinnere ich mich an jenen Sommer vor einigen Jahren, als unser Team im rückwärtigen Teil der Thermenanlage mit Grabungsarbeiten beschäftigt war und gleich eine ganze Gruppe junger amerikanischer Besucher über das Eisengitter kletterte, um im Bereich des Innenhofes Selfies zu schießen. Plötzlich sahen sie sich einer Kohorte wütender Archäologiestudenten gegenüber, bewaffnet mit Schaufeln und Besen und zu allem fähig. Das Gute daran: Die ungebetenen Besucher gaben Fersengeld und ließen auf der Flucht sogar eine Tüte mit belegten Brötchen und zwei Flaschen Mineralwasser zurück, die unsere Mittagspause bereicherten.

In Bezug auf eine Gefährdung des Erhaltungszustands von antiken Ruinen darf natürlich die Umweltverschmutzung – insbesondere durch Autoabgase – nicht vergessen werden. Ein trauriges Beispiel für die dadurch verursachte kontinuierliche Zerstörung sind die Karyatiden am Erechtheion auf der Akropolis in Athen. Die Statuen bestehen aus feinstem Marmor und waren über einen Zeitraum von ca. 2400 Jahren bestens erhalten. Eine von ihnen wurde im frühen 19. Jahrhundert in das British Museum in London gebracht. Die am Originalort verbliebenen Koren litten im Laufe der letzten Jahrzehnte extrem, ihre Marmoroberfläche zerbröselte regelrecht. Ein Vergleich der Statue im British Museum mit denjenigen am Erechtheion war erschütternd. Schlussendlich sah man sich gezwungen, die Originale im Nationalmuseum von Athen zu restaurieren und am Tempel durch Kopien zu ersetzen.

Kriegerische Auseinandersetzungen

Im Laufe der Menschheitsgeschichte haben kriegerische Auseinandersetzungen immer wieder zu starken Beschädigungen oder gar Totalverlusten kulturhistorischer Hinterlassenschaften geführt. Bis heute geschehen solche Zerstörungen teils absichtsvoll, teils werden sie als Kollateralschäden in Kauf genommen. Es ist hier nicht der Ort, um über Schuld und Sühne zu diskutieren, ich möchte lediglich anhand einiger Beispiele aufzeigen, welch fatale Auswirkungen ein Krieg auf antike Fundstätten hat.

Im Zweiten Weltkrieg blieb Pompeji zunächst von den Kämpfen verschont. Während des Jahres 1943 zogen sich deutsche Truppen zunehmend aus dem Süden Italiens zurück, verfolgt von den Alliierten. Im Zuge dessen wurde Pompeji im September bombardiert, weil man befürchtete, deutsche Soldaten könnten sich in den Ruinen versteckt halten. Das Bombardement richtete immense Schäden an, Teile von Gebäuden stürzten ein, einige antike Häuser wurden komplett vernichtet. Die Auswirkungen dieses Luftangriffs sind noch immer sichtbar. In der Nordostecke des Forums, vor dem Macellum, finden sich zwei Bombentrichter im Travertinpflaster, die Säulen der Vorhalle zeigen Absprengungen von den Splittern. Im Osten der Stadt ragte einst ein antikes Haus auf, das Areal liegt nun brach. Wie schon beschrieben, wurden in einem Bereich der Zentralthermen Mauerzüge durch einen Bombentreffer zerstört. Bedauerlicherweise hat es ausgerechnet den architektonisch aufwendigsten Kuppelbau des Badetraktes am schlimmsten erwischt.

Mit den Schiffen vom Nemisee forderte der Zweite Weltkrieg mutmaßlich ein weiteres archäologisches Opfer. Auf die Existenz dieser Schiffe könnte bereits der römische Autor Sueton angespielt haben, der im ersten Viertel des 2. Jahrhunderts n. Chr. Biographien berühmter Politiker und der ersten römischen Kaiser verfasste. In ihnen schildert er auf sehr unterhaltsame Weise die Schrullen eines Cicero, den Tod Caesars, den Aufstieg des Augustus, die Gesangskünste eines Nero. Unter anderem beschreibt er auch Aufstieg und Niedergang des Caligula, dessen Herrschaft durch eine merkwürdige Mischung aus Satire und Grausamkeit geprägt war. Erzählt wird, dass der Kaiser sich Schnellsegler (Liburnen) von einer beachtlichen Größe bauen ließ, die äußerst luxuriös ausgestattet waren. Ihr Heck, so heißt es, sei mit Edelsteinen geschmückt gewesen, sie hätten Thermen, Säulengänge und Säle an Bord gehabt, und Caligula sei auf ihnen entlang der Küste Kampaniens gesegelt und habe ausschweifende Feste gefeiert. Von ihnen ist aber nichts mehr erhalten.

Seit dem Mittelalter war jedoch bekannt, dass sich im Nemisee nördlich von Rom antike Schiffe befinden müssen. Dies belegten Einzelfunde, die aufgrund zahlreicher Indizien zweifelsfrei der Zeit Caligulas zugeordnet werden konnten. Es könnte durchaus sein, dass Sueton sich in manchen Details wie dem Schiffstypus (seine Beschreibung der Größe und üppigen Ausstattung etwa passt nicht zur eher leichten Bauweise von Liburnen) irrte und sich eigentlich auf diese Schiffe im Nemisee bezog. Bis ins 19. Jahrhundert versuchte man vergeblich, die Wracks zu heben, in den Zwanzigerjahren des 20. Jahrhunderts gelang schließlich die Bergung. Zweifelsohne handelt es sich um einen der bedeutendsten Schiffsfunde in der Geschichte der Archäologie. Mit mehr als 70 Metern Länge und mehr als 20 Metern Breite waren die Abmessungen der beiden Wracks tatsächlich riesig, und es wurde für sie eigens ein Museum errichtet, in dem man sie ausstellte. Ende Mai 1944 brach dort allerdings ein Feuer aus, das die Schiffe vollständig vernichtete. Bis heute ist ungeklärt, wer letztendlich für den Brand verantwortlich war, ob er in unmittelbaren Zusammenhang mit militärischen Auseinandersetzungen stand oder ob es sich lediglich um ein Unglück handelte. Die Schiffe jedenfalls waren unwiederbringlich verloren, heute existieren in dem wieder aufgebauten Museum lediglich verkleinerte Modelle.

Wie wichtig eine gute Dokumentation ist, bezeugt das traurige Beispiel der antiken Ruinenstätte Palmyra. Die alte Siedlung wurde im 1. Jahrhundert n. Chr. von den Römern annektiert, in der Folgezeit hatte sie einen Sonderstatus im römischen Reich und gewann zunehmend an Bedeutung. Berühmtheit erlangte im 3. Jahrhundert ihre Herrscherin Zenobia, die sich offen gegen die Fremdherrschaft stellte und erst 272 n. Chr. in einer Schlacht besiegt wurde. Aus der Blütezeit sind beeindruckende Ruinen erhalten, die Palmyra zu einem einzigartigen Weltkulturerbe machen. Während des syrischen Krieges im Jahr 2015 wurden die Überreste spätrömischer Zeit systematisch zerstört. Glücklicherweise waren die Bauten so gut dokumentiert, dass eine Rekonstruktion in weiten Teilen möglich scheint. Palmyra wird also aus den Trümmern wiederauferstehen.

Restauration – Schutz und Ergänzung antiker Befunde

Entlang der Ostseite des Forums von Pompeji finden sich dort, wo einst Säulen die Vorhallen schmückten, ca. 40 kleinere Basen, auf denen in römischer Zeit Statuen von Bürgern der Stadt standen. Viele waren an der Oberseite stark verwittert, Steine waren aus dem Mauerwerk gebrochen. Im Rahmen meiner Forschungen zu den Gebäuden zeichnete und vermaß ich diese Basen akribisch, beschrieb jede einzelne. Als ich im darauffolgenden Jahr nach Pompeji zurückkehrte, hatten die Restauratoren zwischenzeitlich alle Sockel mit modernem Mauerwerk auf eine einheitliche Höhe mit sorgfältig planierter Oberseite hochgemauert. So frustrierend dies für einen höchst motivierten Studenten gewesen sein mag, hat es doch seinen Sinn. Denn zahllose Besucher benutzten die Sockel, um sich selbst als Statue fotografisch verewigen zu lassen, dass dabei ab

Der Baaltempel in Palmyra: Nach der gezielten Sprengung durch den IS 2015 blieb nur noch ein Teil der Außenmauer übrig

und an ein Stein aus dem Mauerwerk brach, gehörte und gehört bis heute zum natürlichen Schwund.

Aus Gründen der Statik und des Schutzes benötigen antike Gebäude oft moderne Ergänzungen. Gut zu sehen ist dies am Beispiel des Kolosseums in Rom. Auch in Pompeji ist kaum eines der Dächer römischer Villen antik, die meisten wurden in der Moderne errichtet und dabei selten authentisch gestaltet. Im Idealfall wird diese neuzeitliche Ergänzung kenntlich gemacht. Im weniger günstigen Fall wurde beispielsweise Bruchsteinmauerwerk mit der gleichen Technik in großen Abschnitten detailgetreu ergänzt. Nach wenigen Jahren ist es verwittert und dann vom antiken Bestand nicht mehr zu unterscheiden, was letztlich eine Verfälschung der Faktenlage darstellt.

Archäologie und Öffentlichkeit

Im Jahr 1987 reiste ich für einige Wochen in die Türkei, um antike Stätten zu besuchen. Als Student im Hauptstudium verstand ich mich als Experte und betrachtete die in den Ruinen herumirrenden Touristen mit einer gewissen Herablassung. Bei meiner Ankunft in Istanbul begegnete ich ganzen Gruppen von Reisenden, die einen zusammengerollten Teppich über der Schulter trugen, den man ihnen offenbar auf einem Bazar angedreht hatte. Ich musste schmunzeln, denn so etwas konnte einem Wissenschaftler wie mir ganz sicher nie passieren! … Gegen Ende meines Aufenthalts traf ich im Museum dann zufällig zwei türkische Studenten, wir unterhielten uns über die Archäologie. Schließlich luden sie mich zu einem Tee ein und führten mich in eine Seitengasse, wo ich in einem Laden überaus freundlich empfangen wurde. Ich will es kurz machen: Am nächsten Tag reihte ich mich am Flughafen in die Schlange der Wartenden ein, über meiner Schulter – wie bei vielen vor und hinter mir – ein zusammengerollter Teppich …

Archäologen haben traditionell ein eher gestörtes Verhältnis zum Tourismus. Nicht selten zu Recht. Während eines Besuchs auf dem Forum Romanum in Rom wurde ich Zeuge, wie die Fremdenführerin einer Gruppe von Touristen erklärte, dass dies hier exakt der Platz sei, an dem Caesar erstochen wurde, und sich gleich darauf mit der Frage eines entsetzten Zuhörers konfrontiert sah, ob denn niemand im nahegelegenen Café – er zeigte auf die Gäste an den Tischen jenseits des Zauns – in das Geschehen eingegriffen und die Polizei gerufen habe? Um eine urbane Legende handelt es sich dagegen bei der in Archäologenkreisen häufig kolportierten Geschichte von dem Besucher eines Museums, der auf die Frage »Können Sie mir sagen, wo ich die Laokoon-Gruppe finde?«, geantwortet haben soll: »Tut mir leid, ich gehöre zu TUI-Reisen!«

Allen teils skurrilen Auswüchsen zum Trotz ist Tourismus wichtig, in Pompeji beispielsweise spülen jährlich mehr als drei Millionen Besucher beträchtliche Geldmittel in die Kassen des Kultusministeriums. Das Interesse an antiken Stätten ist ungebrochen, selbst in den entlegensten Winkeln des Mittelmeerraums finden sich immer einige Besucher, die genau diese Ruinen sehen wollen und mit ihrem Eintrittsgeld einen finanziellen Beitrag zur deren Erhaltung leisten.

Archäologische Parks und Museen

Wie aber können archäologische Erkenntnisse einer breiten Öffentlichkeit in angemessener Weise vermittelt werden? Eine sehr gute Möglichkeit bieten archäologische Parks, die nüchterne wissenschaftliche Resultate publikumswirksam präsentieren. In Xanten nordwestlich von Duisburg etwa werden Ausgrabungsfunde so geschickt mit Rekonstruktionen kombiniert, dass es die Antike bzw. die römische Kultur sozusagen erleb- und greifbar macht, ohne die antiken Befunde unglaubwürdig zu verfälschen. Ähnlich verhält es sich mit

Kaiseraugst (nahe Basel), dem antiken »Augusta Raurica«. In der Saalburg nordwestlich von Bad Homburg hat man seit dem 19. Jahrhundert ein römisches Limeskastell schrittweise wiederaufgebaut, heute beherbergt die Anlage einen Teil des Archäologischen Landesmuseums Hessen. Sicherlich finden sich in einigen Bereichen historische Ungenauigkeiten; dies trübt aber nicht den Eindruck, dass es sich um eine bedeutende römische Grenzanlage gehandelt hat.

Museen erfüllen zwei wesentliche Aufgaben. Zum einen sollen sie kulturelle Hinterlassenschaften bewahren, professionell restaurieren und konservieren, zum anderen diese für die Öffentlichkeit aufbereiten und ihr zugänglich machen. So kann auf engstem Raum das künstlerische und architektonische Erbe einer bestimmten Kultur anhand von echten Fundstücken und didaktisch aufbereiteten Zusatzinformationen präsentiert werden. Das Museum für den bereits erwähnten »Ötzi« in Bozen ist ein geglücktes Beispiel für eine umfassende Darstellung nicht nur der Mumie selbst, sondern ihres gesamten einstigen Umfelds samt den klimatischen Bedingungen und gesellschaftlichen Strukturen.

Eine Schattenseite der Museen: Besonders im 19. Jahrhundert war es üblich, dass Ausgräber antike Funde über Ländergrenzen hinweg hochoffiziell oder notfalls illegal mit in ihre Heimat nahmen. So können wir heute den Kopf der Nofretete in Berlin bewundern oder Kunstwerke des Parthenon und eine Kore vom Erechtheion im British Museum in London. In Berlin wird außerdem das ursprünglich aus der Türkei stammende Relief des Pergamonaltars aufbewahrt.

In jüngerer Zeit ist ein heftiger Streit darüber entbrannt, ob die Fundstücke als Eigentum der Länder, in denen die Grabungsstätte liegt, zu sehen sein und dorthin zurückkehren müssten. Die Antwort auf diese Frage kann eigentlich nur »Ja« lauten. Funde sollten in nächstmöglicher Nähe zu ihrem Ursprungsort ausgestellt werden. Es scheint wenig sinnvoll, eine Weltreise antreten zu müssen, um alle relevanten Exponate einer bestimmten Kultur oder Epoche im Original sehen zu können. Das Argument der instabilen politischen Situation mancher Länder verfängt nicht – man denke nur an die Schäden, die der Zweite Weltkrieg vor wenigen Jahrzehnten mitten in Europa angerichtet hat.

Bücher

Bis zur allgemeinen Verbreitung des Internets waren Bücher die beste Informationsquelle zu archäologischen Arbeiten. Mein persönliches Interesse wurde durch einen Bildband über Pompeji geweckt, der alle wesentlichen Aspekte des Themas knapp und dennoch wissenschaftlich fundiert vermittelte. Oft werden solche Bücher naserümpfend als »populärwissenschaftlich« bezeichnet. Aber immerhin präsentieren sie Fakten auf unterhaltsame Weise und befördern damit ähnlich wie seriös recherchierte Reiseführer indirekt das touristische Interesse an den antiken Stätten.

In einem Graubereich bewegt sich mitunter die Belletristik. Der britische Bestsellerautor Robert Harris hat unter anderem einen Roman über Pompeji veröffentlicht, eine Trilogie zu Cicero und zuletzt die fiktive Darstellung eines Konklaves. Wenngleich vieles in diesen Büchern reine Phantasie und ein Großteil des Personals und der Dialoge frei erfunden ist, orientiert sich die Handlung an nachweisbaren historischen Fakten. Autoren seriöser historischer Romane müssen einen extremen

Tipps: Archäologie im Internet

www.archaeologie-online.de; archaeologik.blogspot.com; darv.de; pompeiisites.org/en/info/?l=de

Oder möchten Sie vielleicht eine Reise ganz wie zu Zeiten des römischen Imperiums planen? Beispielsweise von Rom (Roma) nach Pompeji (Pompeii) oder von Mailand (Mediolanum) nach Trier (Augusta Treverorum)? Kein Problem: Auf orbis.stanford.edu können Sie dies tun, die Distanz erkunden, die Dauer zu Fuß, auf dem Rücken eines Esels oder per Schiff ermitteln, sogar die Kosten in antiker Währung. Übrigens dauerte die schnellste Reisemöglichkeit (per Schiff) von Rom nach Pompeji (ca. 300 Kilometer) 2,2 Tage.

Rechercheaufwand betreiben, sich häufig mit Experten kurzschließen. Nicht alle jedoch machen sich diese Mühe. Dann entgleitet der Plot ins Triviale und Hannibal fällt weinend einem Händler in die Arme oder Achilleus wird als Angeber dargestellt, der in einer pubertären Rangelei Prügel kassiert.

Dokumentationen im Fernsehen

Die wissenschaftlichen Sparten von Fernsehsendern produzieren immer wieder, teils durch Spielszenen ergänzte, archäologische Dokumentationen. War der Zuschauer früher mit Statisten konfrontiert, die in schlechtsitzenden Kostümen vor Pappmaschee-Kulissen große Worte griechischer und römischer Dichter und Denker rezitierten, können heute dank

Computergrafik atemberaubende Einblicke in Ereignisse der Antike vermittelt werden. Die Schauspieler bewegen sich in realistisch wirkenden Rekonstruktionen antiker Gebäude, die Darstellung von Gebrauchsgegenständen wie Fakten basiert auf neuesten wissenschaftlichen Erkenntnissen. Besonders gelungen sind in diesem Zusammenhang die Dokumentationen der BBC, etwa ihre Filme zum Kolosseum, zur Feuerwehr in Rom und, wie erwähnt, auch zum Ausbruch des Vesuvs im Jahr 79 n. Chr. In den Sendungen kommen Wissenschaftler zu Wort, die die Handlung mit fundierten Fakten und Kommentaren begleiten.

Hollywood und B-Pictures

Gleich vorweg: Ich mag solche Filme, auch wenn kaum einer von ihnen etwas mit der Realität zu tun hat. Gesagt sei jedenfalls, dass Indiana Jones und Lara Croft wirklich miserable Archäologen sind. Nie arbeiten sie innerhalb einer abgesperrten Fläche, die in Quadrate aufgeteilt ist, nie benutzen sie eine Kelle oder vermessen die Lage eines Gegenstandes, ehe sie diesen fortbewegen.

Überhaupt kann Archäologie in Filmen so einfach sein: Die seit dem 2. Jahrhundert n. Chr. existierende Engelsburg blickt auf eine überaus wechselvolle Geschichte zurück, und es gibt nicht einen Winkel, der nicht schon von irgendjemandem betreten und begutachtet wurde. Dennoch findet der Protagonist Robert Langdon alias Tom Hanks im Film *Illuminati* in ihren Gewölben einen entscheidenden, bisher völlig unbekannten Hinweis – indem er mit dem Fuß ein wenig Laub zur Seite schiebt.

Ich möchte mich an dieser Stelle nicht allzu sehr über Filmfehler (jenen Herrn in Jeans zum Beispiel, der ganz am Anfang des Films *Gladiator*, als sich die Reitertruppe im Wald sammelt, hektisch aus dem Bild nach hinten flüchtet) auslassen. Kolossalfilme wie *Quo Vadis* mit dem unvergesslichen Peter Ustinov als Nero, *Ben Hur* mit dem Wagenrennen, *Kleopatra* mit dem Festzug bei der Ankunft der Herrscherin in Rom, bemühten sich im Rahmen ihrer Zeit, damaliger Erkenntnisse und ihrer technischen Möglichkeiten in einer gewissen Weise um Authentizität. *Conan, der Barbar* dagegen tat dies nicht.

Filme wie *Gladiator* oder *Troja* weisen eine erstaunliche Nähe zu jenen Muskel- und Sandalenfilmen im Prinzip immer gleichen Inhalts auf, die in den Sechzigerjahren geradezu die Kinos überschwemmten. Deren Story hangelte sich, vorsichtig ausgedrückt, ziemlich frei an der mythologischen Überlieferung entlang. Ein muskelbepackter Held – Name beliebig – rettet eine hübsche Frau – Name beliebig – entweder vor einem Unhold – Name beliebig – oder einem Ungeheuer – Name beliebig. Mangels Budgets und Tricktechnik sind die Special Effects eher bescheiden, beim Umstürzen einer Mauer staubt schon mal Styropor auf. Auch aus historischer Perspektive liegt manches im Argen: Da sitzt der Gast eines Festmahls in voller Legionärsrüstung am Tisch, zweirädrige Streitwagen dienen als schnelles Reisegefährt, und die Helden tragen ausnahmslos Leder- oder Metallmanschetten am Arm, die so nie existiert haben. Wer immer diese einst in die Filmwelt eingeführt hat, kann sich der Langlebigkeit seiner Erfindung rühmen, denn sie hat sich hartnäckig gehalten.

Experimentelle Archäologie

Was ist da los? Römische Legionäre marschieren in voller Rüstung durch Wälder oder über Gebirgspfade, Menschen in grober Leinenkleidung versuchen vor ihrem Pfahldorf, Fische zu fangen, bauen vor einfachen Holzhütten Getreide an. Gestalten, gehüllt in Felle, erproben die Herstellung von Faustkeilen, um damit ein erlegtes Wild zu häuten. Ein Patrouillenboot des 3. Jahrhunderts n. Chr. schippert über einen deutschen Fluss, angetrieben von einer ganzen Rudermannschaft. In Frankreich wird eine Burg mit altertümlichen Geräten komplett von Grund auf errichtet. Mittelalterlich gekleidete Personen ziehen von Stadt zu Stadt und errichten – gegen Eintritt, versteht sich – ein ganzes Dorf.

Experimentelle Archäologie ist zweifelsohne ein öffentlichkeitswirksamer Zweig der Wissenschaft, dem eine gewisse Nähe zur Reenactment-Szene nicht abzusprechen ist. Sie unternimmt den Versuch, sich den verschiedenen Epochen der Menschheitsgeschichte praktisch zu nähern, um daraus wertvolle Erkenntnisse zu gewinnen. Wie schwer war es, mit Mitteln der jeweiligen Zeit, den täglichen Nahrungsbedarf zu decken, den Unbilden der Natur zu trotzen? Wie hoch sind die Marschleistungen einer römischen Legion samt Tross zu beziffern? Wie konnten tonnenschwere Lasten bewegt, komplizierteste Gewölbekonstruktionen errichtet werden? Welche Durchschlagskraft hatte eine antike Belagerungswaffe? All dies kann bestens durch akkurate Nachbauten und deren praktische Erprobung geklärt werden. Nun mag es zum Schmunzeln anregen, wenn schmächtige Archäologiestudenten sich als Legionär oder gar Gladiator betätigen, jedoch gewinnen wir dadurch eine Vorstellung, welche Waffen mit welcher Wir-

200 Kilometer südöstlich von Paris entsteht in akribischer Kleinarbeit das Dorf Guédelon von Neuem: mit Techniken, wie sie beim Original im 13. Jahrhundert zur Anwendung kamen

kung zum Einsatz kamen. Oder wie weit man mit Gepäck auf genagelten Sohlen über römische Straßen und unbefestigte Wege marschieren konnte. Dies wiederum verschafft eine präzise Vorstellung hinsichtlich der Dauer von Feldzügen, des logistischen Aufwands und der täglichen Strapazen. Wenn uns antike Quellen also darüber informieren, dass Caesar nach Gallien marschierte, so ist dieser Fakt wesentlich realistischer einzustufen, sobald wir wissen, wie kompliziert es war, überhaupt dorthin zu gelangen.

Auch spezielle Lebensbereiche lassen sich auf diese Weise gut erforschen. So sind antike Mythen und historische Quellen

Francesco Landucci mit einer selbstgebauten Kithara

voller Hinweise, dass es seit frühester Zeit Musikinstrumente gab. Wir sehen Musikanten auf Vasen, Wandbildern, in Form von Statuen. Aus römischer Zeit sind Musikinstrumente aus Bronze gut bekannt. Und sofort scheinen auch hier Bilder aus großen Hollywoodschinken auf, Trompetenklänge ertönen, Trommeln treiben im Gleichschritt marschierende Heere voran, ein Schlachthorn lässt Achill die ihm von der Mutter zur Tarnung überreichte Frauenkleidung abstreifen und zu den Waffen eilen. Aber es gibt auch die leisen Töne. Der Gott Apoll soll ein begnadeter Künstler gewesen sein, ebenso Orpheus, dem seine Neugierde zum Verhängnis wurde. Apoll ist mit seiner Kithara als Statue verewigt, Orpheus mit der Leier auf einer rotfigurigen Vase. Dem Gott Pan wurde die Erfindung des gleichnamigen Blasinstruments zugeschrieben. Flötenspieler tanzen spielerisch im Hintergrund einer Tafelszene. Zwar gab es wohl schon im alten Ägypten und sicher im antiken Griechenland eine Art Notenschrift, deren Lesart und der Klang der antiken Musik ging aber im Laufe der Geschichte verloren, und damit ein gesamter Kosmos an tonalem Schaffen.

Der Künstler und Instrumentenbauer Francesco Landucci aus Cecina rekonstruiert detailliert antike Musikinstrumente (www.francescolanducci.com): Lyra, Kithara, Flöten aus Schilfrohr, Blasinstrumente aus Tierhorn, aber auch Perkussionsinstrumente wie das Sistrum aus dem Isiskult, Trommeln, Blechblasinstrumente. Und wenn er diese auf seinen Konzerten zum Klingen bringt, scheint ein wenig die Atmosphäre eines antiken Festes mit authentischer Geräuschkulisse auf, jedenfalls so, wie wir sie uns vorstellen. Unter »Strumenti Musicali Etruschi« findet man im Internet ein beeindruckendes Beispiel.

Pseudowissenschaft und Esoterik

Die Archäologie als seriöse Wissenschaft hat immer auch mit Mythen zu kämpfen. Eines der bekanntesten Sujets ist sicherlich der »Fluch des Pharao«. Augenscheinlich hatte eine unbekannte Macht fast all diejenigen dahingerafft, die an der Ausgrabung der letzten Ruhestätte des Tutanchamun beteiligt waren. Es folgten wilde Spekulationen über die Ursache – eine geheimnisvolle Inschrift, Pilzsporen oder ein unbekanntes Bakterium? Trotz mangelnder Beweise und natürlicher Erklärungen der Vorfälle hielt (und hält) sich die Legende hartnäckig.

Nun, mich selbst schien einmal eine Art Fluch getroffen haben. Anlässlich unserer alljährlichen Forschungsreise trafen wir alte Freunde und Bekannte, mit denen wir seit Langem zusammenarbeiteten und die wir monatelang nicht gesehen hatten. So verabredeten wir uns zu einem festlichen Essen, das in einer heißen Sommernacht am Golf von Neapel stattfand. Am nächsten Tag lagen wir mit erheblichen Kreislaufproblemen im Peristyl einer römischen Villa und waren der festen Überzeugung, böse Mächte hätten unser Essen vergiftet. Allein unserer Zeichnerin ging es bestens. Sie war es auch, die uns schließlich anhand der Restaurantquittung trocken vorrechnete, dass auf neun Mahlteilnehmer neun Flaschen schweren italienischen Rotweins kamen. Wobei sie nicht zu betonen vergaß, dass sie selbst absolut nichts von dem edlen Tropfen getrunken habe. Manchmal ist die Erklärung überirdisch scheinender Phänomene eben doch recht irdisch …

Auch esoterische Theorien erfuhren im Rahmen der Archäologie eine gewisse Verbreitung. Ein bekannter Autor, dessen Namen ich hier verschweige, hat über Jahrzehnte eine Reihe von Büchern publiziert, in denen er archäologische Befunde mit der Landung von Außerirdischen erklärt, die diese »Kulturgüter« als Erbe für die Menschheit zurückgelassen hätten. Zweifellos sind die Bücher spannend zu lesen, jedoch entbehrt die Beweisführung jeglicher seriösen wissenschaftlichen Beweiskraft.

Ein beliebtes Objekt esoterischer Betrachtungen sind außerdem die Pyramiden von Gizeh oder Steinkreise wie in Stonehenge. Generationen an Wissenschaftlern und Pseudowissenschaftlern haben sich daran versucht, aus diesen Gebilden Maße und Werte abzulesen, die auf eine systematische Ausrichtung hindeuten, Öffnungen zu identifizieren, durch die zu bestimmten Tagen und Uhrzeiten aufgrund der exakt berechneten Sonnen- oder Mondposition gezielt Licht fällt. Ganze mathematische Systeme wurden wie ein Netz über die Cheopspyramide gezogen, aus denen sich ein Kosmos an Beziehungen und astronomischen Abhängigkeiten ergab. Fakt ist, dass die Pyramiden ebenso wie griechische Tempel und römische Anlagen nach bestimmten Himmelsrichtungen ausgerichtet wurden. Oft hatte dies religiöse Gründe, oft ganz pragmatische. Die Zentralthermen in Pompeji etwa hat man so orientiert, dass von frühmorgens bis zum Sonnenuntergang möglichst viel Sonnenlicht auf ihre Glasfronten fiel, um für entsprechende Beleuchtung und Erwärmung zu sorgen. Und Mathematik spielte bei Errichtung und Ausrichtung heiliger Gebäude tatsächlich eine Rolle. Aber ob gleich eine ganze Batterie an Kongruenzen bis hin zu Zukunftsprognosen in den Bauten versteckt wurde, darf ernsthaft bezweifelt werden.

Übrigens hat einmal ein Mathematiker all diese Theorien auf ein öffentliches Toilettenhäuschen in Paris angewendet; hinsichtlich seiner Orientierung sowie seiner Abmessungen errechnete er überraschende Bezüge zu Sternbildern und anderen kosmischen Phänomenen.

Ethische Fragestellungen

Moral versus Profit

Welche Verantwortung bedeutet der Umgang mit dem Erbe vergangener Kulturen? Ich habe bereits die umstrittene Frage angerissen, ob wertvolle Fundstücke nicht dem Land zurückgegeben werden sollten, in dem die jeweilige Kultur angesiedelt war. Natürlich spielen in diesem Kontext wirtschaftliche Überlegungen eine wichtige Rolle. Was wäre das British Museum ohne seine ägyptischen und griechischen Originale? Was die Berliner Museen ohne Nofretete und Pergamonaltar? Was der Louvre ohne seine griechischen und römischen Exponate? Diese wirken als Besuchermagnete und sichern damit nicht unerheblich die Einnahmen der jeweiligen Einrichtung.

> »The Elgin Marbles belong in Britain, Mrs Clooney.«
> Jeremy Paxman

Hohe Besucherzahlen und die dadurch generierten Einnahmen sind jedoch nur eine Seite der Medaille. Einige der besonders stark frequentierten Stätten müssten eigentlich umgehend für den Tourismus vollständig gesperrt werden, oder der Zutritt müsste zumindest drastisch reduziert werden.

Leichenfunde

Auf die eine oder andere Weise bekommt man es im Zuge der Archäologie immer mit den sterblichen Überresten von Menschen zu tun, die vor langer Zeit gelebt haben. Ötzi ist dafür ein prominentes Beispiel aus jüngerer Zeit, es gibt jedoch viele mehr.

Wie bereits mehrfach erwähnt, stellten sich etwa in Pompeji Hohlräume als Abdrücke von Opfern dar, die von einer Ascheschicht eingeschlossen wurden und deren Körper man mittels einer Abgusstechnik in allen Details zurückgewinnen konnte. In der Gipsmasse befinden sich die sterblichen Überreste der Menschen, die damals ums Leben kamen. Von Anfang an haben diese Leichenabgüsse von Pompeji für Aufsehen gesorgt, und sie sind noch heute bevorzugtes Ziel vieler Besucher, die sich angesichts der im Todeskampf verkrümmten Leiber – auch von Kleinkindern – schaudernd vor den Glasvitrinen, in denen sie zur Schau gestellt werden, drängen. Ethisch kann dies durchaus fragwürdig scheinen.

Ähnliches gilt für oft erstaunlich gut erhaltene ägyptische Mumien oder Moorleichen. Der Archäologe agiert als Wissenschaftler, der emotionslos und nüchtern mit Maßstäben der Forschung an das Objekt herantritt. Aber wie ist es mit den Betrachtern? Rechtfertigt der zeitliche Abstand von mehreren Hundert bis mehreren Tausend Jahren die Behandlung als Exponat? Verliert eine Mumie ihren Status als »Person«?

Dass solche Überlegungen nicht ganz aus der Luft gegriffen sind, zeigt die Überstellung Ramses' II. nach Frankreich im Jahr 1976. Man hatte in Ägypten bemerkt, dass sich die Mumie des Pharaos, vor allem aufgrund von Pilzbefall, zunehmend zersetzte, und veranlasste einen Transfer in den Louvre in Paris, wo der Körper dauerhaft geschützt und konserviert werden sollte. Die Mumie benötigte hierfür – und dies ist kein Scherz – einen offiziellen Reisepass, der von der zuständigen Behörde ausgestellt wurde. Am Flughafen von Paris wurde sie mit militärischen Ehren und in Anwesenheit der Ministerin für Bildung und Forschung empfangen. Und: Nach Abschluss der Konservierungsarbeiten kehrte der Pharao wieder nach Kairo zurück.

Kriminelle Machenschaften

In diesem Rahmen kann nicht erschöpfend auf Fragen der Verwendung von Mitteln eingegangen werden. Dennoch ist es auch heute noch Fakt, dass nicht der größtmögliche Anteil der Gelder, die aus staatlichen bzw. europäischen Töpfen bezogen und durch Eintrittskarten erwirtschaftet werden, direkt in den Erhalt der entsprechenden Stätten und Kunstschätze fließt. Nicht selten versickert ein guter Teil in dunklen Kanälen oder wird schlichtweg zweckentfremdet eingesetzt, um anderweitig Finanzlöcher zu stopfen. Den Preis hierfür zahlen im wahrsten Sinne des Wortes die antiken Stätten, deren Verfall voranschreitet.

Die Liste gestohlener Kunstschätze ist endlos. Schon in der Antike haben Grabräuber, trotz ausgeklügelter Versuche, die verstorbenen Herrscher zu schützen, sämtliche Pyramiden ausgeräumt. Das Grab des Tutanchamun, eines historisch eher weniger bedeutenden Pharaos, lässt erahnen, welche Schätze in den Gräbern der großen Pharaonen verborgen gewesen sein müssen. Generationen von Grabräubern gaben ihren Beruf sozusagen innerhalb der Familie weiter und bestritten damit ihren Lebensunterhalt. Wirklich skurrile Züge zeigt die Tatsache, dass seit dem Mittelalter und bis ins frühe 20. Jahrhundert das so genannte »Mumia« als Heilmittel oder Pigment zur Farbherstellung vertrieben wurde. Es bestand aus zu Pulver zermahlenen antiken Mumien (oder gerne auch Fälschungen), eine besondere Zweitverwertung historischen Erbes.

In Pompeji finden sich in zahllosen Wänden mitten in einer Malerei grobe Ausbrüche, wo man gezielt die Gesichter samt Unterputz vom Mauerwerk gehackt hat, Bronzeporträts oder Statuetten verschwanden. Im Zuge illegaler Ausgrabungen wurden Gegenstände ohne Rücksicht auf Verluste und – natürlich – ohne Dokumentation der Erde entrissen und anschließend verscherbelt. Antike Schiffe und Ruinen unter Wasser werden bei illegalen Tauchgängen leergeräumt. Es gibt tatsächlich einen Markt für antike Kunstgegenstände. Käufer statten damit ihre privaten Sammlungen aus, aber auch Museen bekommen illegal erworbene Altertümer, versehen mit falschen Zertifikaten, angeboten.

Oft tragen unbeabsichtigt die Behörden eine gewisse Mit-

Was muss ich tun, wenn ich bei Bauarbeiten etwas Altes finde? Die Arbeiten einstellen und umgehend das Landesdenkmalamt bzw. die Antikenbehörde informieren! Vor Ort wird von Fachleuten dann entschieden, ob eine (Not-)Grabung durchgeführt werden sollte.

schuld, denn wird ein Fund gemeldet, tritt dies eine wahre bürokratische Lawine los. Wie wir schon gesehen haben: Im Golf von Neapel verstecken sich in beinahe jedem Quadratmeter, den man umgräbt, antike Überreste, denn die Bucht war schon in der Antike dicht besiedelt. Bei größeren Bauvorhaben lässt es sich nicht vermeiden, dass irgendwann Mauerreste, Keramik oder sonstige Gegenstände aus der römischen Zeit auftauchen. Und wie in Deutschland können historische Funde ein ganzes Bauprojekt verzögern. Kulturbehörden, Landesdenkmalämter und Archäologen pochen naturgemäß darauf, die Reste mit Notgrabungen zu bergen, aber es ist eben nicht ausgeschlossen, dass so manches Relikt für immer unter einer neuen Straße oder einem neuen Gebäude verschwindet.

Brauchen wir die Archäologie?

In der Archäologie hat eine Verschiebung stattgefunden. Die goldenen Zeiten epochaler Entdeckungen scheinen vorbei. Natürlich tauchen hin und wieder bedeutende Relikte aus der Vergangenheit auf. Oder es werden Sensationen heraufbeschworen, wie die Vermutung, dass sich im Grab des Tutanchamun eine weitere, bisher unbekannte Kammer verbergen könnte – obwohl Rundfunk und Fernsehen sich begierig auf diese These stürzten, steht ein etwaiger Beweis dafür noch aus. Viel wichtiger als große Sensationen ist die internationale Zusammenarbeit, die etwa in Bezug auf Pompeji oder Herculaneum sehr gut funktioniert. Teams aus vielen Nationen bemühen sich hier gemeinsam darum, die antiken Stätten zu schützen und für kommende Generationen zu bewahren. Ziel ist es, möglichst viel von dem zu retten, was dem Erdreich entrissen wurde oder als Ruine aufragt – die Bestände zu konser-

> »Archäologie ist so wichtig wie unser Atem,
> sie sagt etwas über uns selbst.«
>
> Bernard Andreae (1984–95 Direktor des Deutschen Archäologischen Instituts Rom)

vieren, zu ergänzen und das Wissen über die vergangenen Kulturen durch weitere Details zu vervollständigen.

Was bringen die Ergebnisse der Archäologie? Diese Frage stellt sich überraschend oft. Man vergegenwärtige sich folgende Situation: eine Feier mit bunt gemischtem Publikum, irgendwo in einer Privatwohnung oder einer gemütlichen Kneipe. Darunter (verzeihen Sie die folgenden Klischees) typische Vertreter der MINT-Fächer, wohlfrisiert und in Businesshemd, Jeans und Blazer. Und solche der Geisteswissenschaften, mit strubbeligem Haar, Pulli, Jeans, und gut einen halben Kopf kleiner, auch hinsichtlich der Bruttobezüge. Die Vertreter der Ingenieursgruppe unterhalten sich über Dinge wie effiziente Sensoren für Airbags, die Profilierung von Flügeln einer Windkraftanlage wegen der Nähe zur Schallgeschwindigkeit an den Blattspitzen, die Erhöhung der Speicherkapazität von Batterien für Elektroautos. Da hat es der Archäologe nicht leicht, wenn er einwirft, dass schon die Römer hydraulischen Mörtel kannten und in Thermen Boden- und Wandheizung zum Standard gehörten. Allenfalls Statiker und Architekten können für die Bauten der Griechen und Römer begeistert werden, von griechischer Plastik und römischer Wandmalerei schweigen wir lieber. Die Frage nach dem Sinn des Faches ist ebenso schwer zu beantworten wie die, ob wir heute noch Latein brauchen. Erst kürzlich wurde wieder heftig darüber diskutiert, inwieweit Ovids *Metamorphosen* Schülern angesichts des teils brutalen, politisch inkorrekten Inhalts noch zuzumuten seien.

Meine Antwort lautet ganz klar: »Ja, Archäologie hat einen Sinn (Ovid ebenfalls!).« Uns beschäftigt, woher wir kommen; das Wissen um unsere Vergangenheit hilft uns zu verstehen, wer wir sind. Viele interessieren sich tatsächlich sehr dafür, was einst genau dort war, wo sie heute leben. Beschreiten mitten in Deutschland eine gepflasterte Straße, die vor 2000 Jahren von einem römischen Herrscher in Auftrag gegeben wurde. Durchqueren ein ebenso altes Stadttor, besichtigen ein Amphitheater. Auch wenn die Erkenntnisse kaum unmittelbare Auswirkungen auf unser tägliches Leben und die politische Entwicklung einer Zivilisation haben werden, beantwortet das Fach dennoch wichtige Fragen. Zu unserem Werdegang, zu Fortschritten, zu technischen Errungenschaften. Zu gesellschaftlichen Entwicklungen, die bis in die Neuzeit nachwirken. Dokumentationen zu archäologischen Themen und Reisen zu antiken Stätten erfreuen sich großer Beliebtheit; Neufunde bzw. neue Erkenntnisse erlangen in Medien und der Öffentlichkeit höchste Aufmerksamkeit – auch das zeugt von großem Interesse –, und Ausstellungen locken viele Besucher an. Kurz: Die Nachfrage nach historischen Inhalten ist ungebrochen. Und die Tatsache, dass antike Bauten aus religiösen Gründen bewusst zerstört oder zweckentfremdet wurden, bis in jüngste Zeit, zeigt, dass diese Hinterlassenschaften nicht einfache, kahle Mauerreste sind. Vielmehr wohnt ihnen etwas inne, das sie entweder zu einer besonders verehrenswerten Stätte macht oder im Gegenteil zu einem als feindlich zu betrachtenden, verachtenswerten Objekt, das zerstört werden muss.

Seien wir doch einmal ehrlich: Menschen sind auf dem Mond gelandet, Sonden haben das Sonnensystem erkundet – gefunden haben sie meist tote blanke Steinwüsten, jede Menge Trockeneis, oft ein Gebräu aus giftigen Gasen; ein paar Staubteufel tanzten vor einer Kamera, und die vom Mond mitgebrachten Steine waren … nun ja, sehr erdähnlich. Selbst die vielzitierte Teflonpfanne als Resultat der Raumfahrt ist ein

Mythos. Apropos »Mythos«: ein altgriechischer Begriff, an dieser Stelle also so etwas wie die perfekte Brücke zwischen Natur- und Geisteswissenschaft. Gönnen wir uns als Gesellschaft eine friedliche Koexistenz zwischen MINT und philosophischer Fakultät, letztlich profitieren wir alle davon.

Schlagzeilen, von denen Archäologen (bislang nur) träumen

»Sensation! Vor Konstanza am Schwarzen Meer antike Stadt unter Wasser entdeckt …« [Atlantis]

»Inschrift auf antikem Dolch enthüllt die Wahrheit: Nach über 2000 Jahren Tatwaffe gefunden! « [Dolch des Caesar-Mörders Brutus]

»Phänomenale Ausgrabungen in der ewigen Stadt! Saiteninstrument weist Brandspuren auf.« [Kaiser Nero besingt das brennende Rom]

»Archäologen und Anthropologen rätseln über gigantischen Schädel mit nur einer Augenhöhle!« [Zyklop Polyphem in der *Odyssee*]

»Gletscherschmelze beim Col de Montgenèvre! Ewiges Eis gibt mehrere Elefantengerippe frei!« [Alpenüberquerung des Hannibal]

Lektüretipps

Alberto Angela: Ein Tag im Alten Rom: Alltägliche, geheimnisvolle und verblüffende Tatsachen. München 2011.

– Pompeji. Die größte Tragödie der Antike. München 2018.

Adeen Cremin: Große Enzyklopädie der Archäologie. Die wichtigsten archäologischen Stätten der Welt. Darmstadt 2018.

Felix Eckstein / Peter Bol: Pausanias. Reisen in Griechenland. München 2001.

Egon Gersbach: Ausgrabung heute. Methoden und Techniken der Feldgrabung. Stuttgart ^{4}1998.

Tonio Hölscher: Klassische Archäologie. Grundwissen. Darmstadt ^{4}2015.

Hermann Parzinger: Abenteuer Archäologie. Eine Reise durch die Menschheitsgeschichte. München 2018.

wasser
olympische spiele
clint eastwood
antisemitismus
Jude
g. w. f. hegel
archäologie
geheimbünde
beethoven
reclam.
100 seiten
1920er
resilienz
superhelden
mafia
ovid
plastik
rammstein
menschenrechte
Für mehr Informationen zur 100-Seiten-Reihe:
www.reclam.de/100Seiten